Lotte Ingr

Feensch

Lotte Ingrisch

Feenschrei

Ein Wegweiser in die Elbenwelt

Mit Photographien von Herbert Schiefer

EDITION S

Edition S
Verlag der Österreichischen Staatsdruckerei
1. Auflage 1991

Umschlagentwurf: Johann Bruckner
Druck: Österreichische Staatsdruckerei, Wien
ISBN 3-7046-0237-X

I
Elben und Feen der Vergangenheit

Erlkönig mit Kron und Schweif

Als ich noch ein Kind war, wollte ich Einsiedler werden. Ich träumte von einer Hütte im Wald, von Tieren und Engeln. Und natürlich von der Leiter der Erkenntnis, auf der man geradewegs in den Himmel steigt.

Träume sind Samen, die in der Wirklichkeit aufgehen. Allerdings muß man sie vorher begraben. Aus meinem Grab wuchs der Erlkönig. In Ihren Händen halten Sie seinen Mantel als Buch. Seinen Mantel, und vielleicht auch sein Herz.

Ist er nicht König der Elben? Sie hörten nicht auf, zu sein, als sie unsichtbar für uns wurden. Heidnische Engel. Licht von einer Frequenz, die wir nicht mehr wahrnehmen, und noch nicht. Die Grenze seiner Erscheinungen zieht unser Herz. Wir können es jeder Erfahrung öffnen. Und wir können es jeder Erfahrung verschließen, wenn wir den Wundern Widerstand leisten und aufhören, Kinder zu sein.

Der Erlkönig mit Kron und Schweif ist Herr des Nordwaldes. Seine Spiele verführen in Mond, Nebel und Traum. Die Landschaft selbst ist seine Gestalt.

Es gibt Räume, in denen wir uns frei fühlen oder gefangen, heiter oder melancholisch, geborgen oder bedroht. Raum ist niemals der gleiche. Vermutlich ist er ebenso lebendig wie alle Wesen und Dinge, die in ihm erscheinen. Überhaupt ist eins nicht vom andern zu trennen. *Wir sind Raum.*

Wir kennen den gewöhnlichen, und wir kennen den magischen Raum. In alten Kirchen und Kultstätten spürt man noch deutlich seine andere, mächtigere Energie. Eine Energie, die Menschen verändert und Ereignisse bewirkt. Tut sie es radikal, opfern wir, die das Geheimnis der Energiefelder und unsichtbaren Ströme vergessen haben, unseren Heiligen.

So ein magischer Raum, der uns hinter die Grenzen des vertrauten Bewußtseins entrückt, ist der Nordwald. Erlkönigs Reich. Eine Schwelle aus Zwielicht, über die wir in ein Reich jenseits des Menschen eintreten. Viele Reiche gibt es, hier und jetzt, und viele Zauberschwellen, über die man in sie gelangt.

„Geht", sagt der biblische Gott zu den Menschen, „und macht euch die Erde untertan!" Unser Gehorsam war schrecklich. In unserem Bewußtsein, das wir für die einzige Wirklichkeit halten, haben wir die Erde zuerst zur Magd und dann zur Maschine gemacht. Aber sie ist ja ein Stern! Ein lebendiges, strahlendes Wesen, dessen Leib, wie der unsere, voll von Geheimnissen ist. Was wissen wir von ihren Zentren und Zonen, von ihren Öffnungen ins Unirdische?

Das Waldviertel mag eine solche Öffnung sein, durch die wir nicht nur aus unserer bisherigen Welt, sondern aus uns selber herausgeraten, was von allen Abenteuern das unheimlichste ist. Und das einzige, das zu bestehen sich lohnt. Denn wir erkennen uns selbst erst, wenn wir nicht mehr wir selbst sind.

Unser Geist ist ein Netz, das wir, Fischer der Wirklichkeit, ins Licht werfen. Wie wir das Netz knüpfen, bestimmt unseren Fang. Die Maschen und Knoten sind aus lebendigen Wörtern gemacht. Das heißt, wir selbst bestimmen unsere Erfahrungen, sind verantwortlich für sie – und können sie jederzeit ändern.

Gibt es Elben, gibt es Automobile, gibt es uns selbst? Nein, nichts von alledem. Es gibt – hier küssen sich alte Mystik und neue Physik – nur das Licht.

Wir schauen ins Licht – und erblicken den Nordwald. Das magische Reich der lichten und dunklen Elben. Bucklig, mit Nebelkappe und Entenfuß? Auch rosa, golden und blau, mit silbernen oder lavendelfarbenen Flügeln. Spitze Tierohren und ein Schleiergewand, die leuchtende, bewegte Aura aus Wasser und Licht. Sie tanzen unter dem Mond, verwandeln sich in Busch, Weidenzweig, Espe. Sind Blumen, Käfer, Schmetterlinge und Holden. Am Morgen erkennen wir ihre Spuren im Tau. Ein spitzer, roter Hut verschwindet zwischen den Bäumen. Zwerge erfüllen Wünsche. Hausgeistern setzt man Milch und Honig vor. Oft nehmen Hexen und Feen Katzengestalt an. Katzen sind zauberhafte, verdächtige Tiere. Riesen gehören einer älteren Schöpfung an, letzte Zeugen einer aus Abgrund und Eis aufsteigenden Welt. Sind lebendige Steine, die wir für tot halten, weil sie sich in einer anderen Zeit bewegen als wir. Weil sie langsamer fließen.

Wir lernen, das Fließende zu sehen, sobald wir es nicht mehr festhalten wollen. Sogar die Erinnerung an uns selbst, die uns zur Gewohnheit erstarren läßt, müssen wir loslassen. Jede Identität ist auch ein Prozeß. So können wir uns im Spiegel unseres Schicksals erblicken. Aber auch im Spiegel der Landschaft, die wir lieben.

Wer den Wald liebt, steht dem Märchen, dem Jenseits, dem Totenreich näher als der gewohnten gewöhnlichen Welt. Alles schwingt! Das Universum ist ein Lichtozean kleinster und größter Wellen. Und da sollte es uns schwerfallen, die Reise zu den Elben anzutreten, die Reise in die Anderswelt, die Reise in unser eigenes Herz?

Der Wald ist der Weg, der Wald ist die Reise, der Wald ist das Zwischenreich zwischen Leben und Tod, Diesseits und Jenseits, Menschen und Elben. Aber das Zwischenreich ist unsere Heimat!

Vom Möglichen zum Wirklichen spannt sich der Regenbogen des Seins. Haben wir schon alle Farben des Lichtes erkannt? Elben sind, wie wir selbst, reine Energie. Nicht Gestalt,sondern Strahlung. Sie wahrzunehmen bedeutet, daß man der eigenen Elbheit wieder bewußt wird.

Die mythische Geographie hat das Paradies immer wieder im Norden vermutet. Die weiße Finsternis der Waldviertler Winter mag ein Abglanz davon sein. Doch erleuchtet sie keinen Garten der Seligen, ja überhaupt keinen Garten. Himmel und Erde sind eine einzige Wildnis, und nicht einmal das Christentum konnte sie zähmen. Denn hier wehte – und weht noch immer – der wilde keltische Geist.

Er ist unsere Vergangenheit. Und auch, da das römische Zeitalter endlich zu Ende geht, unsere Zukunft. Die Wiederkehr des grünen Ritters, der aus dem sterbenden Wald tritt und einen neuen Frühling verheißt. Beginnt doch für die Kelten der Anfang mit dem Ende, der Tag mit der Nacht, das Leben mit dem Tod.

So geht, trotz unserer apokalyptischen Ängste, nicht die Welt unter, sondern nur ihr Bild, eines der vielen, die wir uns von ihr machten. Profit, Macht, Moral. Unsere objektive Vernunft, die nie objektiv war, und nur selten vernünftig. Das Bild der Ratio, eine zerbrochene Maske.

Erkennen wir hinter der zerbrochenen Maske unser eigenes keltisches Gesicht?

Besteigen wir die Franz-Josephs-Bahn! Die winzigen Lokaleisenbahnen, die wie Nebelhörner tuten und Dampfwolken in den Himmel blasen. Oder unsere Automobile, obwohl sie eigentlich nicht ganz hierher passen, es sei denn, wir betrachten sie als verwunschene Pferde. Denn wir geraten in eine andere Zeit und in einen anderen Raum. Der große Wald gleicht der Hexe im Märchen. Er verwandelt uns. Wir werden verzaubert. Und wir werden erlöst.

Man könnte den Nordwald auch den keltischen Wald nennen, mit seinen Feenhügeln und granitenen Kultsteinen, vor denen einst die Druiden, sternkundige Zauberpriester, ihre Rituale vollzogen. Noch immer ist das grüne Licht des Landes von ihren Geheimnissen durchwoben, hören wir in Wasser und Wind den fernen Klang ihrer Stimmen. Es sind unsere eigenen, in der Tiefe der Zeit begrabenen Wurzeln, zu denen wir hinabsteigen. Unterscheiden wir noch zwischen Sehnsucht und Erinnerung? Unser Herz klopft, als kehrten wir, grau geworden, nach einer langen wirren Reise ins Haus unserer Kindheit zurück.

Ich habe es nie ganz verlassen. Der Mohnkönig, der mein Vater war und ein großer Märchenerzähler, pflanzte die vergessene Wirklichkeit als Traum in mich ein. Zugleich mit dem Mohn, dem blauen Gold des Waldviertels, aß ich die Anderswelt. Die Welt der Elben, die Welt der Toten, die Seelenwelt.

Ich lege mein Ohr auf ein wie Feuer blühendes Mohnfeld und höre den Feenschrei, die Ankündigung keltischen Untergangs. Im Nordwald, von den Römern zerstört, starben die Helden und Barden. Und im Nordwald, vielleicht, kehren sie wieder. Unsere Ahnen und unsere Kinder. Tod und Auferstehung, zwei Bewegungen im ewigen Jetzt. Noch immer reitet der sich unsterblich verwandelnde Phantomreiter der keltischen Münzen durch die Zeit.

Nicht im Takt des Fortschritts lebten die Kelten. Sie lebten im Rhythmus der Unendlichkeit und Entstofflichung des Stoffes, nicht seine Beherrschung, war ihr Ziel. Sich die Erde untertan zu machen, haben sie niemals versucht. Die Erde war ihr Weg ins Überirdische, war ihre Reise in die Anderswelt, und ihr Leben das Zwischenreich zwischen beiden.

Aber sie waren keine eiligen, freudlosen Reisenden! Sie liebten die Liebe, sie liebten den Kampf, sie liebten alles Berauschende. Gastmähler, Feste und Blut, fröhliche Totenwachen, Bestattungsspiele, phallische Rituale. Und über alles liebten sie die vom Großen Geist erfüllte Natur. Ihre Heiligtümer lagen in Wäldern, an Teichen. Waren von großen glänzenden oder schillernden, inwendig leuchtenden Wesen bewohnt. Die Urwirklichkeit der Kelten war der Traum, und so trennten sie die innere nicht von der äußeren Welt.

Auch das disharmonische Patriarchat war ihnen ja fremd. Ihre Frauen waren den Männern, waren den Kriegern ebenbürtig. Bei Göttern, Menschen und Tieren erkannten die Kelten das zweite Geschlecht.

Der Schoß einer ihrer ältesten Gottheiten ist das Ei, dem sich die Schlange entwindet. Hat sie das Herz erreicht, beißt sie in die lebendige Brust. Ungehindert fließen Schöpfung und Zerstörung, Heiliges und Profanes, Männliches und Weibliches ineinander. Die Kelten begrenzten ihre Götter nicht durch Eindeutigkeit, und diese forderten weder Entsagung von ihnen noch Vollkommenheit.

Gott oder Götter? Wohl beides. Ein Pandämonium des Großen Geistes. Hirschgott, Pferdegöttin, Ebergott. Weder Tiere noch Menschen, sondern jenseits aller Gestalt, die nur als Symbol beschworen wurde wie die Triade der Erde: Jungfrau, Hexe und Braut.

Sylphen, Gnomen, Kobolde, Irrlichter, Werwölfe. Sie alle sind Spuren und Schatten der Mächte von einst. Es gab Menschenopfer, gewiß. Aber Leben und Tod waren zwei spiegelgleiche Zustände eines Seins. Die Kelten fürchteten den Tod nicht, warum auch? Sie suchten ihn, wie das Leben, zu transzendieren. Erst hinter beiden Zuständen beginnt die Anderswelt, die der Barde in drei Stufen ersteigt: als irdischer Körper, als physischer Geist und als strahlendes Seelenlicht.

Das Licht der Sonne, in deren Zeitalter wir treten. So wird Michael zum keltischen Erzengel! Ist es Zufall, daß gerade er die alten heidnischen Heiligtümer behütet? Hüter der Schwelle, Geleiter ins Jenseits, Herr des Lichts.

Zeit ist nicht linear, und Vergangenheit offenbart sich als Zukunft. Das Zeitalter des Wassermanns wird ein keltisches Zeitalter sein!

Wie das Waldviertel zur Welt kam

Frau Erde schläft, Frau Erde träumt,
Der Mond küßt ihr grünes Haar.
Sein Pferd, das blau und unsichtbar,
Hat für sie er mit Flügeln gezäumt.

Frau Erde reitet auf dem Wind,
Der Mond singt das Lied der Nacht.
Frau Erde weint, Frau Erde lacht,
Und sie schenkt ihm ein elbisches Kind.

Ein Kind aus Wald, Granit und Schnee,
Aus Nebel und rotem Mohn,
Ein Kind mit Schweif und Silberkron.
Seine Ammen sind Hexe und Fee.

Feen und Quarks

Kennen Sie Paul Feyerabend? Er ist das Enfant terrible der Philosophie. Und der bedeutendste – Sir Popper möge verzeihen – Philosoph unserer Zeit. „Das Universum antwortet je nachdem, wie man es fragt", sagte er in Wien, und ich war dabei. „Fragt ein Materialist, antworten Atome und Quarks. Fragt ein Metaphysiker, antworten ihm Götter."

Ein paar hundert Jahre lang haben wir ziemlich langweilige Fragen gestellt, und entsprechend langweilig fielen die Antworten aus. Das Zeitalter der Aufklärung und des Fortschritts geht vermutlich als eines der uninteressantesten in die Geschichte ein. Und noch immer antworten den meisten Leuten Börsenkurse, Gewerkschaften und Automobile. Bald wird man, wie über alles Altmodische, darüber gerührt sein.

Aber heute? Wenn uns die Welt nicht gefällt, müssen wir sie verändern. Politiker und Terroristen haben keine Ahnung, wie leicht das geht. Die Muster der Wirklichkeit werden weder durch Bomben verändert noch durch Parteien. Sondern, ganz einfach, durch andere Fragen.

Natürlich müssen wir uns zuerst die alten Antworten abgewöhnen. Zum Beispiel, daß wir die Welt nur durch unsere unmittelbare Wahrnehmung erkennen. Denn erstens erkennen wir sie überhaupt nicht, und zweitens ist die Wahrnehmung nie unmittelbar. Sondern fast immer passiert sie die Filter der jeweiligen Kultur, unseres Weltbilds, unserer Erziehung, unserer Vorurteile. Und nur selten geschieht es, daß ein Filter ausfällt. Dann aber finden wir uns in einer verwandelten Welt wieder.

Feen, Elben? Aber natürlich gibt es sie, hat sie immer

gegeben. Genauso wie Götter, Atome und Quarks, die wir auch nicht unmittelbar wahrnehmen. Wir müssen also nicht fragen, ob sie wirklich sind? Sondern wie wir die verriegelten Türen und Fenster unserer kleinen Welt öffnen können, um sie wieder einzulassen.

Fragen wir nicht mit dem gesunden Menschenverstand! Er ist eine ansteckende Kinderkrankheit des Geistes, und die Symptome, die dabei auftreten, sind häßlich. Fragen wir mit dem Herzen, und Wunder über Wunder antworten uns.

Der Mohnkönig

Er war mein Vater. Er hieß Karl Gruber. Sein Reich war der Mohn, das graue Gold des Waldviertels. Ein blühendes Reich. Es zerfiel, als er starb. Das Waldviertel wurde wieder zum Aschenputtel von Österreich. Aber es ist schön. Schöner als seine Schwestern. Manchmal stelle ich mir vor, daß es – wie Aschenputtel im Märchen – zu einem Grab geht. Zum Grab des Mohnkönigs, meines Vaters. Und weil er das Waldviertel sehr geliebt hat, wird er es mit Gold überschütten. Noch einmal mit dem grauen Gold seines Mohns.

Dieses Gold ist alt. Mohn wurde schon in der Steinzeit gepflanzt. Sein Samen wurde dem prähistorischen Menschen zur Nahrung, zum Gewürz, vielleicht auch zum magischen Reiz. Wegen der Fülle ihrer Samen galt die Mohnfrucht als Symbol der Erde, als Symbol ihrer Fruchtbarkeit. Sie war den Erdgottheiten heilig. Durch die Zauberwirkung des Mohns linderten sie Schmerzen und Leid der Sterblichen. In der Antike wurde Morpheus, der Gott des Schlafes und Schöpfer der Traumwelt, durch die Mohnkapsel versinnbildlicht. Oft war er in alten Darstellungen mit einem Mohnkranz geschmückt. Plinius spricht von der schlaf- und todbringenden Kraft des Opiums.

Mein Vater Karl Gruber war ein großer Märchenerzähler. Er erfand, erschuf die Märchen, die er erzählte. Ein später Nachfahre des Morpheus, beschenkte er seine beiden Kinder mit Träumen. Meine Kindheit war von wunderbaren Wesen und Begebenheiten erfüllt. Wir waren arm. Und sehr reich. Wenn ich abends beim Schein der Petroleumlampe zu seinen Füßen saß, verwandelte die kleine Küche sich in einen großen Palast. Einhörner, Prinzen und Feen glitten am tristen Hinterhoffenster vorbei. Die Welt war schön, und sie ist es bis heute geblieben. Dafür danke ich dem Mohnkönig. Er hat mich gelehrt, daß diese schöne Welt aus Phantasie gemacht ist. Sie wird böse, wenn unsere Phantasie böse wird. „Wir alle", sagt Shakespeare, „sind aus jenem Stoff gemacht, aus dem die Träume sind." Ich konnte noch nicht lesen und wußte es schon. Denn der Mohn-Gruber, mein Vater, hat es mir gesagt.

Früher hat man im Gebirge zu Weihnachten und Allerheiligen gemahlenen Mohn mit süßer Milch gegessen, um alles Unholde fernzuhalten. Auch hat man, damit das Geld nicht ausgehe, zu Neujahr Mohnsamen verzehrt.

Meinem Vater ging das Geld immer aus, trotzdem. Denn er war kein Kaufmann. Er war ein Liebhaber. Der Liebhaber des Waldviertels, der Freund aller Mohnbauern. Ich weiß nicht mehr, wie viele Erfindungen er, um ihr Los zu erleichtern, gemacht hat. Die Sämaschine und die Mohnmühle sind wohl am bekanntesten geworden. Damals hielten ihn viele – das ist nun einmal das Los des Pioniers – für närrisch. Heute sind seine Ideen Allgemeingut, seine Erfindungen gehören zu den Standardartikeln der prominenten Firmen, andere Leute wurden durch ihn

reich. Er selbst nicht. Er lebte arm, und arm ist er gestorben. Dabei hat er viel Geld verdient. Er hatte eine große Spedition und alle möglichen Geschäfte. Aber Geld bedeutete ihm nichts. Er verwendete es prinzipiell nur für seine Erfindungen. Die Modelle verschlangen ein Vermögen. Und er gab sich nicht zufrieden, niemals. Er wollte es immer besser und noch besser machen. Das hat er gewiß auch getan. Und so ging sein Leben – ohne daß er sich die Zeit nahm, es zu bemerken – vorbei.

Er hatte keine Angst vor dem Tod. Er hat über ihn, wie über das Leben, gelacht. Und wie über sich selbst. Als wir wußten, daß er nun sterben würde, erfand er seine eigenen Sterbelieder, und wir haben sie miteinander gesungen. Nur, daß er mit seinen vielen Erfindungen nicht mehr fertig wurde, tat ihm weh. Bis zuletzt war sein Krankenbett, war sein Totenbett mit Konstruktionsplänen bedeckt. Aber wir werden nie fertig, solange wir Menschen sind, und jetzt weiß er es wohl.

Er stammte aus dem böhmischen Grenzland des Waldviertels, eines von zwölf Kindern. Nachdem er zwei Klassen lang die Volksschule seines Dorfes besucht hatte, war die Kindheit für ihn vorbei. Dies bedeutet, daß er von seinem achten bis zu seinem fast achtzigsten Lebensjahr gearbeitet hat. Damals, mit acht Jahren, kam er zu einem Bäcker in die Lehre. Wenn seine gleichaltrigen Freunde noch schliefen, war er schon seit Stunden mit einem kleinen Hundewagen voll Broten unterwegs. Sein ganzes Wissen – das technische wie das menschliche – erwarb er allein, ohne Hilfe. Er war großzügig, er war gastfreundlich, er war ein Idealist. Sein Schneider war der Altwarentandler an der Ecke, und ein Paar alte, schwarze Schuhe waren sein Rolls-Royce. Damit ist er zu Fuß durchs Waldviertel gegangen, durchs ganze, Jahrzehnte lang. Ich bin stolz, ich bin sehr stolz auf ihn.

In alten Zeiten gab man den Toten ein wenig Mohn mit auf den Weg. Ich weiß nicht, auf welchen Straßen mein Vater jetzt wandert. Aber gedenken Sie seiner, bitte, in Liebe! Und wenn Sie seiner gedenken, dann streuen Sie ein paar graue Mohnkörner für ihn in den Wind.

Mohnlied

Brennend rot und schwarz gefleckt
Hast am Tag du mich erschreckt,
Träumerkönig Mohn.

König einer andern Welt,
Wieso blühst auf unserm Feld
Du, als wär's dein Thron?

Goldgrün aus der Purpurschlucht
Hebt den Kopf die Zauberfrucht
Mit der Sternenkron.

Wenn die Hexenkörner sind
Blau und grau verweht im Wind,
Würge-Engel droh'n.

Schwarz gefleckt und brennend rot
Reichst du mir das Feenbrot,
Totenkönig Mohn!

Elbenspur

Sie führt in die Tiefe der Zeit. Oder, was vielleicht dasselbe ist, des Bewußtseins. Auf der Reise zu ihnen begegnen wir dem Kind, das wir einst waren. Dem Kind, das wir wieder sein werden. Dem Kind, das wir sind.

Waren Grimms Märchen nicht Himmel und Hölle unserer Kindheit? Darum wollen wir die Reise mit einem der beiden Brüder, mit Jakob, beginnen. Das ist zwar chronologisch falsch. Aber weil Zeit ein Spiel des Raums ist, können wir jederzeit in dieses Spiel eintreten.

Zuvor noch ein Geständnis, eine Warnung, eine Abbitte: Dieser Baedeker ist nicht komplett! Wenn Sie mir erlauben, Ihre Reiseführerin in die Anderswelt zu sein, zeige ich Ihnen alles, was mich selbst fasziniert. Alles, was ich selbst liebe. Und lasse, was ich weniger interessant finde, einfach aus. Aber eine Geschichte ohne Löcher, eine vollständige Geschichte der elbischen Anderswelt würde so dick wie ein Lexikon werden. Und wer möchte schon ein Lexikon von A bis Z lesen?

Zurück zur deutschen Mythologie von Jakob Grimm! In Alfheim – dem Alben- oder Elfenland – wohnt, so schreibt er, das Volk der Lichtelben. Sie sind leuchtender als die Sonne, während die Dunkelelben unter der Erde schwärzer sind als Pech. Alle Elben sind winzig. Der kleinste Troll ist nicht größer als eine Ameise. Der Leib des Menschen hält die Mitte zwischen dem des Riesen und dem des Albs. Die Zwerge reichen den Menschen also bis ans Knie, wie die Menschen den Riesen. Darum nennt man die Elben oder Zwerge auch das kleine Volk.

Während der Mensch langsam heranwächst, erst nach dem fünfzehnten Jahr seine volle Gestalt erreicht und dann siebzig Jahre lebt, der Riese hingegen steinalt werden kann, ist der Zwerg schon im dritten Jahr seines Lebens ausgewachsen und im siebenten Jahr ein Greis. Zwergische Füße gleichen denen der Enten oder Gänse. Der Elbkönig ist gewöhnlich ein weißbärtiger Alter. Merkwürdig ist ein in vielen Sagen wiederkehrender Klageruf: „Der König ist tot! Urban ist tot! Die alte Mutter Pumpe ist tot!" Von uralters her scheint der Schmerz über den Tod eines höheren Wesens sich so Luft zu machen. Solang die Zwergkönige aber leben, entführen sie gern Jungfrauen in ihre Berge.

Zwerge werden auch das schöne Volk genannt. Das stille Volk. Elben berühren sich mit den geisterhaften, aus wiederholten Verwandlungen ihrer Gestalt hervorgehenden Schmetterlingen. Ja, sie erscheinen selbst oft als Schmetterlinge. In ihrem Land gibt es keine Krankheit.

Zwerge und Feen reiten. Auf Rehen, weißen Gänsen und Pferden. Sie meiden die Sonne. Sie versinken in die Erde oder sehen wie Blumen aus oder wandeln sich in Espen- und Weidenzweige. Ihre Freudenzeit ist die Nacht. Sie singen und tanzen. Sie lieben den Aufenthalt an Brunnen. Zwerge verleihen den Wunsch.

Eine Nebelkappe macht sie unsichtbar. Aber wer sich mit einer verbotenen Salbe die Augen bestreicht, kann sie sehen. Wie das Dienstmädchen, das in der Tiefe des Brunnens winzige Menschlein tanzen sah, flüchtig wie Mondlicht oder Morgentau. In einem Fingerhut hätten alle leicht Platz gefunden. Das Mädchen starrte eine der kleinen Gestalten an – und erkannte ihren Herrn. Sofort entließ er sie.

Der Amme, die zu einer Zwergengeburt geholt wurde, erging es noch schlimmer. Jenes Auge, mit dem sie die Unteriridischen sah, rissen die Zwerge ihr aus.

Es ist auch überliefert, daß der Elb das Auge, mit dem der Mensch ihn sieht – und es scheint das rechte zu sein –, mit dem spitzen Nagel seines Fingers aussticht.

Wer durch ein Astloch nach Elben späht, verliert ein Auge. Der schottische Elb speit, der preußische haucht hinein. Das Auge, das Elben sieht, erblindet.

Der Spalt zwischen den Welten

Er kann eine verbotene Salbe sein. Ein Astloch, eine Droge, ein Traum. Oder sogar ein Buch. Ich möchte dieses Buch gern wie einen Baum mit vielen Astlöchern in Ihr Herz pflanzen. Schauen Sie durch?

Sie müssen keine Angst haben. Vielleicht wird das Auge, das eine andere Welt sah, wirklich für die unsere blind. Zwei Welten sind eben für ein einziges Auge zuviel.

Aber wenn wir in jedem eine empfangen könnten? Zwei Welten, die sich in uns vereinen. Wäre das nicht sehr schön?

Auch Odin gab sein rechtes Auge hin, um mehr als nur eine Wirklichkeit zu sehen. Die diesseitige des Tonal und die jenseitige des Nagual.

„Alle Naturgeister, wie Märchen und Mythen sie schildern" – schreiben Arnold und Wilhelmine Keyserling – „sind tatsächlich Wesenheiten des Nagual. Der Zugang zum Nagual ist die Vision. Sie vollzieht sich über die rechte Hemisphäre, den Traum."

Die Mondwelt, die Welt des Traums, ist aber genauso real wie die Sonnenwelt, die Welt des Tages. Und nur scheinbar sind sie in unserem Bewußtsein voneinander getrennt. Wir halten die eine für subjektiv, die andere für objektiv, aber beide sind beides, und beides zugleich. Phantasie ist der Spiegel, in dem allein wir die heimliche wie die öffentliche Welt erkennen. Phantasie ist das Maß unserer Wahrnehmung. Phantasie ist der Urknall in uns, aus dem die Welten entstehen.

Die Welt des Raums, der Zeit und der Kausalität. Und eine raumlose, zeitlose Welt, die nicht durch Ursache und Wirkung gestaltet wird.

Ab und zu streue ich, wie Salz in die Suppe, Erkenntnisse der Quantenphysik zwischen Feen, Zwerge und Trolle. Die Quantenphysik hat nämlich eine Menge Erstaunliches über die Anderswelt entdeckt. Und ihr werden Sie vielleicht mehr als mir glauben.

Ich schreibe, Sie merken es selbst, ohne Ordnung und Plan. Das kommt wohl daher, daß die Elbenwelt ganz und gar unsystematisch ist, unlogisch, spontan. Flimmernd und ohne feste Konturen.

Ich passe mich ihr, so gut es geht, an.

Nebellied

Der Stein zerfließt, der Wald ertrinkt,
Mein Haus versinkt.
Ich weiß nicht mehr, wer ich bin!

Die graue Nebelkönigin
Nimmt mit Gewalt
Uns die Gestalt
Im Spiegel aus blindem Licht.

Fürchte dich nicht!
Der blinde Spiegel ist ein Tor,
Du gehst durch Nebel, Fluß und Moor
Und kommst bei den Elben an.

Das Elbenreich schlägt dich in Bann,
Daß du dich selbst vergißt.
Erkenne, wer du bist!

Der Geist von Nebel, Tag und Nacht,
Der Geist, der alle Welten macht,
Der Geist von Mensch und Elb und Wald . . .
Dein Geist hat keine Gestalt.

Manchmal fällt die Wirklichkeit von den Augen wie Schuppen

Die Elben, die in ihrer wahren Gestalt kaum einige Zoll hoch sind, haben einen luftigen, fast durchsichtigen Körper, der so zart ist, daß ein Tautropfen, wenn sie darauf springen, zwar zittert, aber nicht auseinanderrinnt. Dabei sind sie von wunderbarer Schönheit, Elben wie Elbinnen, und mit sterblichen Menschen nicht zu vergleichen.

Sie leben nicht einzeln oder paarweise, sondern allezeit in großen Gesellschaften. Den Menschen sind sie unsichtbar. Sieht man auf der Landstraße große Wirbel von Staub aufsteigen, weiß man, daß sie gerade ihre Wohnsitze verändern. Ihre Häuser haben sie in Steinklüften, Felsenhöhlen und alten Hügeln. Auch aufgelassene Bergwerke und Festungsgräben werden von ihnen bewohnt. Sie tragen gern grüne Mäntel und rote Kappen, die manchmal mit einer weißen Eulenfeder geschmückt sind. Oder ihre Kleidung ist schneeweiß und silberglänzend. So genau weiß man das nie.

Die geheimen Kräfte der Elben, ihre Zaubermacht, ist so groß, daß sie kaum Grenzen kennt. Nicht bloß die menschliche, jede andere Gestalt, selbst die abschreckendste, können sie augenblicklich annehmen. Hirsch, Falke, Flamme, Blume oder Edelstein. Eigentlich kann, was immer Sie gerade betrachten, eine Fee sein, ein Elb. Schön, grotesk, seltsam oder gewöhnlich. Sie werden nie ganz sicher sein, ob die Katze, die Sie gerade streicheln, wirklich Ihre Katze ist.

Vor der Schnelligkeit der Elben verschwindet beinahe der Raum. Die irische Elbenkönigin sprang von einem

Berg zum anderen, drei Stunden weit. Und man hörte auch schon von welchen, die in einer Sekunde einen Sprung von fünf Stunden machen. Der Kobold gar schläft eine Nacht in Frankreich, die nächste in Schottland oder gar einem anderen Weltteil.

Vor ihrem Anhauch schwindet jede menschliche Kraft. Dabei nähren sie sich nur von Tautropfen und süßer Milch. Die Unterirdischen lieben ein verborgenes, heimliches Leben, können Lärm und Geräusch nicht vertragen. Was tut unser lautes, grelles Jahrhundert dem stillen Volk an!

Elben wissen die Zukunft voraus und sehen, was in der Entfernung geschieht. Sie weissagen und verkündigen bevorstehendes Unglück. Manchmal teilen sie den Menschen etwas von der Wissenschaft übernatürlicher Dinge mit, belehren unsichtbar. Die sich ihnen aber vorwitzig nähern oder sie necken, bestrafen sie hart. Denen, die ihnen vertrauen, sind sie freundlich gesinnt. Sie raten und helfen. Man muß ihnen gut zuhören, denn sie reden ganz leise. Manche haben schnarrende Stimmen.

Es scheint so, als teilten sie sich in die Seelen der Menschen. Gewisse Familien haben – oder hatten? – ihre eigenen Elben, denen sie ergeben sind. Dafür werden sie von ihnen auch an Leib und Seele beschützt. Weil sie aber ihren Elben zufallen, wenn sie sterben, ist ihr Tod für diese ein Fest, und Kirchhöfe sind ihre Lieblingsplätze. Denn durch seinen Tod tritt der Mensch in die Gesellschaft der Elben ein.

Wo das Elben- und Geistervolk auf den Wiesen tanzt, entstehen kreisförmige Spuren. Sie mit Pilzen erklären zu wollen, ist lächerlich. Denn erstens halten die Elben sich gern unter Pilzen auf, und zweitens können sie selbst als solche erscheinen.

Nachts sieht man zuweilen unzählige Lichter auf den Hügeln. Das kleine Volk bewegt sich auf ausgetretenen

Geisterpfaden. An den Kreuzungen solcher Wege haben sich im Lauf der Jahrtausende geheimnisvolle Kräfte gesammelt. Wer nachts über eine solche Kreuzung geht, dem kann es geschehen, daß die Wirklichkeit des Tages wie Schuppen von seinen Augen fällt.

Die Elben erscheinen in einem gewissen Zwielicht. Beides, das Böse wie das Gute, hat Teil an ihnen. Die Edda unterscheidet weiße Elfen des Lichts und schwarze Elfen der Finsternis, jedoch nicht als gute und böse, sondern als Geister der verschiedenen Regionen des leuchtenden Himmels und der dunklen Erde. Die schwarzen Elfen sind Zwerge, Unterirdische. Auch das Wasser wird von Elfen bewohnt, und da ihr Element glänzend und durchsichtig ist, gehören sie zu den Lichtelfen.

Erblickt man den Elfen in seiner wahren Gestalt, sieht er aus wie ein schönes Kind von einigen Jahren, zart und wohlgegliedert. Aber nicht immer! Denn bei Tag erscheint sein Gesicht eingefallen, mit kleiner Nase, roten Augen und weißem Haar. Der Zwerg hat auch Kindesgestalt, doch ist er alt, häßlich, langnäsig und von dunkler, blaugrauer oder erdbrauner Farbe.

Feen, Elben, Elfen, Zwerge – unterscheiden sie sich voneinander?

Kleine Etymologie der Anderswelt

Bevor zwischen der irdischen Welt und den übrigen Geschöpfen feste Grenzen entstanden, bewegten die Feen sich frei unter den Sterblichen. Obwohl von menschlicher Gestalt, gehören sie einer anderen Dimension an. Ihre Reiche können ebenso plötzlich auftauchen wie verschwinden.

Vieldeutig wie die Feen selbst, ist auch der Ursprung ihres Namens. In Spanien und Italien heißt die Fee fada oder fata, offenbar vom lateinischen fatum, Schicksal, abgeleitet. Feen sagen das menschliche Schicksal voraus oder lenken es gar. Das französische Wort fée geht auf das lateinische fatare zurück, das im Altfranzösischen zu féer wurde und verzaubern bedeutet. Féer verwies auf die Fähigkeit der Feen, die Welt, wie sie sich den Menschen darstellt, zu verändern, und zwar durch Verzauberung der Wahrnehmung.

Aber wird nicht jede unserer Wahrnehmungen von einem guten oder schlimmen Zauber bestimmt? Möglicherweise von einem, den wir selbst über uns verhängt haben. Hüten Sie sich vor dem Studium der fünf Sinne! Sie werden sonst tiefer als über die Geister aller Welten erschrecken.

Von féer stammt jedenfalls auch das englische faerie ab, das die Kunst des Zauberns bezeichnet und auch die Welt der Feen insgesamt, während fairy und fay nur einzelne Wesen meint. Im englischen Sprachraum bildete sich für eine einzelne Fee ebenfalls der Begriff elf aus, der als Elf oder Elfe in die deutsche Sprache übernommen wurde. Er stammt aus Skandinavien. Das altnordische Wort für Elfe war alfar, althochdeutsch alp, und bezeichnete Wesen, die mit dem Leben der Natur verknüpft waren und von denen man annahm, daß sie in den Gewässern, den Wäldern oder Bergen wohnten.

Ihre Anwesenheit wurde häufig nicht direkt wahrgenommen, sondern durch Anzeichen, die auf ihr Treiben hindeuteten. Grashalme, die sich bogen, wenn ein unsichtbares Feenwesen darüber hinweghuschte. Stöhnlaute im Astwerk von Bäumen oder glitzernde Eisblumen an den Fensterscheiben.

Die alfar Skandinaviens wurden in Lichtelfen, die über der Erde wohnten, und in Dunkelelfen, deren Reiche sich unter der Erde befanden, unterschieden.

Die Snorra-Edda nennt sie Licht- und Dunkel-Elben, und im Unterschied zu den Zwergen haben sie kultische Verehrung genossen. Man sah große Mächte in ihnen, Schutzgeister, und manchmal erinnern sie auch an Totenseelen. Ins Dämonische überwechselnd, bringen sie Unheil und Krankheit. Die mythischen Alben oder Elben sind überirdische, halb göttliche, halb zwergenhafte Wesen. Mit dem erst im achtzehnten Jahrhundert aufkommenden Wort Elfen ist ein Bedeutungswandel verbunden. Aus dem Englischen in die deutsche Literatur übernommen, bezeichnen Elfen anmutige und eher weibliche Geister, die Musik und Tanz lieben und den Menschen freundlich gesonnen sind.

Nancy Arrowsmith, die Feldforschung im Reich der Elben getrieben und ein sehr hübsches Buch – „Die Welt der Naturgeister“ – darüber geschrieben hat, teilt sie in Licht-, Dunkel- und Dämmerelben ein.

Licht-Elben sind Meister der Verwandlung. Mühelos reisen sie durch die uns bekannten vier Dimensionen. Ihre Schönheit ist flüchtig wie die der Schmetterlinge. Sie gehören zu den gutmütigen Naturgeistern, doch leider sieht der Mensch sie seltener als Dunkel- und Dämmer-Elben.

Die Dunkel-Elben sind den Raupen ähnlich, sie haben

ihre Wohnstätten in der Erde. Ihre Haut spiegelt die Farben des Erdbodens wider: grau, braun, rot und schwarz. Ab und zu leben sie auch in den Häusern der Menschen, wo sie jedoch stets die dunklen Ecken bevorzugen und nur zu Mittag oder spät in der Nacht erscheinen.

Die Dämmer-Elben sind bei weitem die zahlreichsten. Sie sind an ihre Umgebung gebunden, und Gesetze von Zeit, Ort und Raum bestimmen ihr Leben. Diesen Einschränkungen zufolge können sie vom Menschen leichter wahrgenommen werden. Sie ähneln Kokons, mit seidenen Fäden an ihre Umgebung gebundenen Wesen. Dämmer-Elben schützen sich ängstlich vor fremdem Einfluß und entfernen sich deshalb selten von dem Baum, Gewächs, Bach, Hügel oder Teich, wo sie das Licht der Welt erblickt haben.

Einige Elben haben hohle Rücken: Sie sind nur teilweise in unserer Welt gegenwärtig.

Feen sind Dämmer-Elben, Natur- und Fruchtbarkeitsgeister, und dem Volksglauben zufolge gehören sie zu den ältesten Bewohnern unserers Planeten. Geboren, bevor Berge und Meere erschaffen wurden, am Anfang aller Zeiten. Sie zerstreuten sich über die Erde und sahen zu, wie Berge, Bäume, Blumen, Tiere und Menschen Gestalt annahmen.

So ist es. Ist es so? Manchmal frage ich mich, ob die Wesen der Anderswelt, einer älteren Schöpfung als wir angehörend, nicht nur auf verschiedenen Stufen ihrer eigenen Evolution erscheinen? Der Weltenbaum der Evolution ist nicht weniger geheimnisvoll als der des Lebens, und vielleicht sind beide derselbe. Warum halten wir den Ast, auf dem wir selbst sitzen, für den einzigen?

Der Baum des sich entfaltenden, vielfältig erscheinenden Lebens erstreckt sich in alle Universen. Wir sehen von ihm nicht mehr als einen kleinen Ast und ein paar Zweige. Seine Wurzeln aber sind uns so verborgen wie seine Krone.

Elben sind zwar schöner, doch gewiß nicht erstaunlicher als wir selbst.

Zwerge, Kobolde, Hausgeister

Zwerge dürfen bei Tag nicht aus der Erde hervorkommen. Ein Sonnenstrahl genügt, sie in Stein zu verwandeln. Es wird sogar berichtet, daß sie den Tag als Kröten verbringen. Sie sind breitstirnig und langhändig. Zuweilen nennt man sie das schöne Volk.

Die berühmtesten Zwerge finden sich in der germanischen Mythologie. Doch gibt es sie nicht nur in Europa. Auch die alten Ägypter hatten einen unsterblichen Gnom: den verhutzelten, kahlköpfigen und bärtigen Bes, der stets mit einem Leopardenfell bekleidet war. Seine Vorliebe für Musik und Tanz verrät die Verwandtschaft mit den teutonischen Vettern. Er war zur Zeit des Neuen Reichs Beschützer der Schafe.

Selbst in Übersee finden sich Zwerge. In Mexiko gab es die Tepictotons, gnomenhafte Wesen, deren Bosheit nur einzudämmen war, indem man ihnen Kinder opferte. Die nordamerikanischen Indianer und die Eskimos berichten in ihren Sagen auch immer wieder von Zwergen. Und das Märchen von Schneewittchen und den sieben Zwergen finden wir, nur geringfügig verändert, auch in Irland, in Kleinasien, in Nord- und in Westafrika. In allen Versionen graben die Zwerge, wie in grauer Vorzeit, nach Gold.

Nach irdischen Schätzen also? Da bin ich nicht sicher. Gold ist ein Sonnensymbol. Ich vermute, die Zwerge graben nach dem unterirdischen Licht, der Sonne unter der Erde.

In indischen Sagen geht die Seele des Sterbenden als daumengroßes Männchen aus dem Leib. Die Zwergnamen Dâinn (mortuus) und Nâinn (mortuus) wecken in uns die Frage, ob Elben nicht die Geister verstorbener Seelen sind?

In den Wurzeln deutscher – und gewiß auch österreichischer – Eichen leben kleine Kobolde; boshafte Elben, welche die Menschen in den Häusern so lange plagen, bis sie etwas zum Essen kriegen. Der englische Erdgeist Puck ist aus der Verbindung eines jungen Mädchens mit einem Elb hervorgegangen. Er tritt auch als Hauskobold auf und hat die Fähigkeit, sich in jedes beliebige Tier zu verwandeln.

Kobolde sind neckische, schadenfrohe, aber auch Wohlstand bringende Hausgeister. Der Name besteht aus einem Wort für Gemach, Haus (englisch cove) und einem für walten (old). Ein Kobold ist also der im Haus Waltende.

Einem solchen Hausgeist genügt ein geringer Lohn. Ein Hut, eine rote Kappe, ein bunter Rock mit klingenden Schellen. Hut und Kappe hat er mit den Zwergen gemein, und unsichtbar machen kann sich auch er.

Ich selbst habe mir mein Leben lang einen solchen Kobold gewünscht. Nicht des Wohlstands wegen! Aber es hätte mir Freude gemacht, mich von ihm necken zu lassen, und natürlich hätten wir viel Spaß miteinander gehabt.

Ich weiß nicht, ob mein Wunsch in Erfüllung ging oder ob ich selbst meine Geldbörse im Kühlschrank verstecke, meine Brille unterm Regenschirm und meine Schlüssel auf dem Dach. Denn schließlich werde ich alt.

Aber vielleicht gibt es auch einen Schabernack treibenden Kobold im Kopf?

Wo auch immer! Jeder sollte sich glücklich schätzen, einen zu haben. Kobolde sind die heitersten Wege in die Anderswelt.

Was sagt Paracelsus?

Er war ein Revolutionär, ein Visionär, ein Mann des dritten Jahrtausends. Obwohl er von 1493 bis 1541 gelebt hat. Aber daß Zeit wie in kommunizierenden Gefäßen jeweils in allen gleich hoch steht, stimmt einfach nicht.

Paracelsus war der vielleicht größte Arzt. Der erste Grüne. Der erste Psychosomatiker. Und der erste, der erkannt hat, daß die Welt in Raum und Zeit ganz ist, ein lebendiges Wesen.

Er hat ein Buch von den Nymphen, Sylphen, Pygmäen, Salamandern und von anderen Geistern geschrieben. Ich vermute, daß er Umgang mit ihnen hatte. Jedenfalls zweifelte er niemals ihre Wirklichkeit an. Lesen Sie selbst!

„Das Fleisch muß so verstanden werden, daß es zweierlei Arten gibt. Das Fleisch aus Adam und das nicht aus Adam stammende Fleisch. Das Fleisch aus Adam ist ein grobes Fleisch, denn es ist irdisch und sonst nichts als Fleisch, das zu greifen und zu fassen ist wie Holz oder Stein. Das andere Fleisch ist nicht aus Adam; das ist ein feines Fleisch und nicht zu greifen und fassen, denn es ist nicht aus Erde gemacht. Nun ist das Fleisch der Mensch aus Adam, der ist grob wie die Erde; diese aber ist kompakt, so daß der Mensch weder durch eine Mauer noch durch eine Wand zu dringen vermag. Er muß sich ein Loch bohren, durch welches er hindurchschlüpfen kann, denn ihm weicht nichts aus. Dem Fleisch nicht aus Adam aber weichet das Gemäuer, und dieses Fleisch bedarf keiner Türe und keines Loches, sondern es durchdringt Mauern und Wände und zerbricht nichts.

Nun sind beide Fleisch, Blut, Bein und dergleichen, was zu einem Menschen gehört und in aller Natur wie der Mensch. Dadurch aber unterschieden, daß zwei Ursprünge sind, das heißt zwei Väter. In gleicher Weise ein Mensch und ein Geist, dadurch aber von den Geistern unterschieden, daß sie Blut und Fleisch und Gebein haben. Dabei gebären sie Kinder und Früchte, reden und essen, trinken und wandeln, was die Geister alles nicht tun. Drum sind sie den Geistern gleich in Geschwindigkeit, den Menschen gleich in Gebären, Gestalt und Essen. Also sind sie Leute, die Geisterart an sich haben, und dabei auch Menschenart. Das ist *ein* Ding.

Wiewohl sie beides sind, Geist und Mensch, sind sie dies doch auch wieder nicht. Denn Menschen können sie nicht sein, da sie geistig in ihrem Wandel sind; Geister können sie nicht sein, denn sie essen und trinken, haben Blut und Fleisch. Drum sind sie besondere Geschöpfe, außerhalb dieser beiden. Ein Gemisch von beiden, wie eine Zusammensetzung aus zwei Stücken, die sauer und süß ist und doch nicht so erscheint; oder aus zwei Farben, die ineinanderfließen zu einer Gestalt und doch beide da sind. Der Mensch hat eine Seele, der Geist nicht."

Hier muß ich den Paracelsus unterbrechen! Vielleicht, weil ich die Seele überschätze. Aber es will mir nicht in den Kopf – und vor allem will es mir nicht ins Herz –, daß Naturgeister und Tiere keine haben sollen.

Gerade eben habe ich ein Paracelsus-Spiel geschrieben: „Überlaßt den Elementen euch und ihren Geistern!" Darin holt Bomba, die Wasserfrau und einstige Eheliebste des Doktor Paracelsus', ihn noch einmal aus der Ewigkeit zurück in die Zeit, aus der anderen in unsere sterbende Welt, daß er als Arzt sie heile. Ich zitiere:

Hinter dem Schleier

BOMBA: *(singt)* Mir träumt von Wasserrosen und von Schwänen,

Von Kirchenglocken, Schnee und Einsamkeit.
Von Menschen, die in grauen Häusern graue Tränen weinen.
Ich habe Sehnsucht nach der Zeit.
Ich hör' den Schrei im Stampfen der Maschinen,
Den Tränenschrei der Geister der Natur.
Hör' Gnomen, Salamander, Sylphen und Undinen weinen,
Und halte an des Todes Uhr!

PARACELSUS: So! Und wie willst du sie anhalten, die Uhr des Todes? Zeit erschafft und zerstört.

BOMBA: Aber das Herz der Zeit ist Ewigkeit und schlägt in allen Stunden. Wir müssen die Ewigkeit auf das Ziffernblatt der Zeit zurückholen, daß ihre Zeiger wiederum ins Unsichtbare weisen, die andere, die größere Wirklichkeit. Die Menschen haben ihr Licht verloren. Willst du sie im Dunkeln lassen? Kehren wir zurück zu ihnen, Paracelsus!

PARACELSUS: Was, zu diesem Hornvieh? Sudelköche, Suppenwuste, Mörder ...

BOMBA: *(unterbricht ihn)* Ja, und Geister auch, in die drei Welten ihre Strahlen werfen. Die Menschen haben nur vergessen, wer sie sind. Erinnere sie daran! Du bist der Arzt der Leiber und der Seelen. Der Alchimist des Lebens. Kehren wir zurück!

PARACELSUS: Wirst du nie gescheiter? Sie wollten damals mich nicht haben, und jetzt erst recht nicht. Für den Paracelsus ist kein Platz auf dieser Welt.

BOMBA: „Ich werde grünen, und ihr werdet dürre Feigenbäume werden. Das Licht der Natur wird seinen Alchimisten zum andern Mal gebären!" Wer hat das gesagt?

PARACELSUS: *(seufzt)* Der Eselkopf war ich.

BOMBA: Du wirst zum andern Mal geboren, Paracelsus! Tot warst du jetzt lang genug. Doch bevor du wieder auferstehst, mußt du die Stunde deines Sterbens noch einmal erleben.

(Paracelsus erlebt noch einmal das Ende seines elenden Lebens. Er, der die Großen, Mächtigen dieser Erde ebenso heilte wie die Armen, wurde wie ein Hund aus ihren Städten gejagt, immer wieder. Verhöhnt und unbedankt. Er möchte nicht mehr zurück.)

PARACELSUS: ... Gestorben und vergraben als Stadtarzt von Villach. Und lieb hab' ich die Stadt, wo meinen Leib und Geist der Vater aufzog, der Bub um seine Mutter weinte und der betrübte Mann, als Waldesel von Einsiedeln gescholten, zum letzten Mal fand ein Asyl. Nun freilich hab' ein besseres ich gefunden, jenseits des Flusses der Ereignisse, im Land hinter den Spiegeln, das die Dummköpf' nennen Grab. Hier bleib' ich!

BOMBA: O nein, hier bleibst du nicht!

PARACELSUS: Ja, sapperlot! Seit wann hat eine Nymphe denn mir zu befehlen?

BOMBA: Ich bin nicht nur eine Nymphe, Theophrastus. Ich bin deine Frau! Auch, wenn kein Priester uns getraut hat. Und mit der Seele hast du gründlich dich geirrt. Ich hab' eine, auch ohne dich! Wie alle Wasserleute, wie die Sylphen, Gnomen, Salamander. Wie hätt' ich ohne Seele so in Liebe fallen können zu dir?

PARACELSUS: Bomba, meine schöne Wasserfrau. Die Seel' ist nicht die letzte Wirklichkeit. Sondern der Kochtopf auf dem Herd des Lebens, in dem wir immer neu uns selber zubereiten, so lang, bis das Gericht Gott schmeckt. Du bist nicht aus Adams grobem Fleisch. Sondern aus Mensch und Geist gemischt und keins von beiden. Du schmeckst Gott, wie du bist, und brauchst so wenig eine Seel' wie Stiefel der Fisch.

BOMBA: Mit Stiefel oder Schwanz, ich muß zurück!

PARACELSUS: In eine Welt, die stirbt? Von Kudelköpf' vergiftet wie damals ich. Begraben demnächst auf dem Armenfriedhof des Kosmos, wie ich auf dem von Sankt Sebastian. Jetzt morden sie nicht nur den Paracelsus. Sie morden gleich den ganzen Stern!

BOMBA: Wär' schad' um ihn, drum müssen wir's verhindern. Und die Verwandtschaft, Theophrastus! Nicht nur Blumen, Bäume, Tiere. Auch die Verwandtschaft rotten sie mir aus. Die lichten, dunklen und die Dämmerelben ... *(weint)*

PARACELSUS: Komm, wein doch nicht. Die Menschen sind einfach zu dumm. Du kannst ihr Hirn nicht größer machen als ihr Herz, und klein sind beide. Vergiß die Welt, die stirbt!

(Aber Bomba kann die Menschenwelt nicht vergessen. Sie legt Fischschwanz und Schuppen ab und kehrt unerkannt zurück. Auch Mux, der Gnom, wagt sich nicht mehr als Zwerg unter die Leute. Als dreckiger, zerlumpter Bettler sucht er Trost in den Wirtshäusern. Lurian, der Feuergeist, der Salamander, fristet sein Leben als, je nach Jahreszeit, Kohlen- und Eisverkäufer, und die Sylphide Schuschú, das schöne Windfräulein, erscheint uns nur mehr als alte Luftballonfrau. Aber alle jammern noch immer nach einer Seele ...)

PARACELSUS: Der alte, wunde Punkt. Die Seel', ihr Hirschköpf', ist der Sündenfall! Fürwitzig hervorgetreten aus Gott ist sie wie ein Hemdzipfel aus der Hose. Ist das vielleicht hübsch? Die Geister bleiben eingegossen in Ihn und lösen sich am Ende ganz in Gott auf. Vielleicht beneid' ich euch darum.

Soweit Paracelsus, die Seele der Geister, der Geist der Seelen. Und natürlich auch ein bisserl Lotte Ingrisch. Bevor wir gleich zu Paracelsus im Original zurückkehren, bitte ich Sie, zu bedenken, daß die Elben wahrscheinlich wirklich untergetaucht sind und nun in anderer Gestalt inkognito mitten unter uns leben. Wir hätten sie sonst längst gesteinigt. Zum Glück können sie sich in alles verwandeln. Sogar in Menschen wie Sie und ich. Ob wir nicht aufmerksam im Umgang miteinander werden sollten?

Ich zitiere wieder aus dem berühmten Liber de Nymphis, Sylphis, Pygmaeis et Salamandris et de caeteris Spiritibus:

Von ihrer Wohnung

„Ihrer Wohnungen sind vielerlei. Je nach dem Element, eine im Wasser, eine in der Luft, eine in der Erde, eine im Feuer. Die im Wasser sind Nymphen, die in der Luft Sylphen, die in der Erde Pygmäen (Zwerge), die im Feuer Salamander. Wiewohl der Name der Wasserleute auch Undinen (von unda, der Welle), von den Luftleuten Sylvestres (Waldleute), von den Bergleuten Gnomi (Zwerge) und von den Feuerleuten neben Salamander auch Vulkani lautet.

Wie ihr nun wisset, daß es vier Elemente gibt, Luft, Wasser, Erde und Feuer, so wisset ihr auch, daß wir Menschen aus Adam in der Luft stehen und gehen und von ihr umgeben sind, wie der Fisch vom Wasser. Ohne Luft vermögen wir ebensowenig zu sein, wie der Fisch ohne Wasser. Wie nun der Fisch im Wasser seine Wohnung hat, und das Wasser ist an dem Ort seine Luft darin er wohnt, so ist dem Menschen die Luft sein Wasser gegenüber dem Fisch. Also ist jedes Ding in sein Element hineingeschaffen, darin zu wandeln. Die Undinen, zum Exempel, daß sie im Wasser wohnen. Das Wasser ist ihnen gleichermaßen gegeben wie uns die Luft; und wie wir uns verwundern, daß sie im Wasser leben sollen, so verwundern sie sich über uns, daß wir in der Luft leben. Ebenso ist es mit den Gnomen in den Bergen. Die Erde ist ihre Luft und ihr Chaos (Urmaterie).

Denn im Chaos lebt ein jegliches Ding, das heißt, ein jegliches Ding wohnt im Chaos und geht und steht darin. Nun ist die Erde nur Chaos für die Bergmännlein, denn sie gehen durch feste Mauern, durch Felsen, durch Steine wie ein Geist. Drum sind ihnen diese Dinge alle nur Chaos, also Nichts. Das ist soviel oder sowenig als uns die Luft hindert zu gehen; ebensowenig werden sie gehindert durch Berge, Erde und Felsen. Und so leicht es uns ist, durch die Luft zu gehen, und wie uns die Luft nicht widerstehen kann, so leicht sind ihnen die Felsen und Schroffen. Denn alle diese Dinge sind ihnen Chaos, die für uns kein Chaos sind. Denn eine Mauer, eine Wand widersteht uns, so daß wir nicht hindurch können, ihnen aber ist sie Chaos. Drum gehen sie hindurch, und es ist ihnen ihre Luft, worin sie wohnen und gehen, wie der Mensch in der Luft, die zwischen Himmel und Erde liegt. Und was das Chaos zu grob ist, das ist das Geschöpf desto feiner, und was das Chaos zu fein, das ist das Geschöpf desto gröber. So haben die Bergleute eine grobes Chaos, drum müssen sie desto feiner sein, der Mensch aber hat ein feines Chaos, drum ist er desto gröber. In dieser Art teilt sich das Chaos ein und zugleich seine Einwohner, in Natur und Eigenschaft je nach ihrem Ort zu wandeln. Da schadet weder Ertrinken noch Ersticken, noch Verbrennen. Denn diese Dinge sind nur Luft für die Geschöpfe, welche darin wohnen. Ein jeglicher bleibt in seinem Chaos gesund, in einem andern stirbt er.

Bezüglich der Dinge aber, die sie essen und trinken, müßt ihr folgendes verstehen. Das Wasser tränket uns, aber die Gnomen nicht, noch die Nymphen und die anderen zwei. Nun weiter: Ist für uns das Wasser geschaffen, um unseren Durst zu löschen, so ist für sie ein anderes Wasser erschaffen, welches wir weder sehen noch zu ergründen imstande sind. Trinken müssen sie, aber das trinken, was in ihrer Welt ein Trank ist. Essen müssen sie gleichfalls, aber wie es ihrer Welt entspricht. Von diesen

Dingen ist nichts weiter zu ermitteln, als allein, daß ihre Welt ihre eigene Natur hat, eine andere als die unsrige.

Von ihrem Tag- und Nachtleben, ihrem Schlafen und Wachen, wissen wir so viel, daß sie alle gleich den Menschen ruhen, schlafen und wachen, ganz so wie diese. Dabei gehört ihnen die Sonne und das Firmament so gut als uns. Also die Bergmännlein haben die Erde, und diese ist ihr Chaos, doch ist diese ihnen nur Luft und keine Erde, wie uns.

Daraus folgt, daß sie durch die Erde sehen, wie wir durch die Luft und daß die Sonne für sie durch die Erde scheint, wie uns durch die Luft, und daß sie die Sonne und den Mond sowie das ganze Firmament vor Augen haben wie wir Menschen. Auch die Undinen, deren Chaos das Wasser ist, werden durch dieses am Genuß der Sonne nicht gehindert. Denn wie wir der Sonne durch die Luft genießen, so sie durch das Wasser. Und gleichermaßen die Vulkanischen durch ihr Feuer. Und wie uns auf Erden die Sonne bescheint und die Erde fruchtbar macht, so steht es auch bei jenen. Hieraus folgt, daß es auch bei ihnen Sommer und Winter, Tag und Nacht gibt und dergleichen.

Der Personen halber sollt ihr wissen, daß sie unterschieden sind: die Wasserleute, Männer und Frauen, halten gleiches Maß inne wie eine menschliche Person, die Sylvestres aber nicht; sie sind rauher, gröber, länger und stärker als die beiden. Die Bergleute sind klein, etwa zwei Spannen hoch. Die Salamander sind lang, schmal und dürr. Ihre Stätten und Wohnungen aber liegen in ihrem Chaos.

Wie sie zu uns kommen und sichtbar werden

Alles, was Gott erschaffen hat, läßt er den Menschen offenbar werden und erscheinen, so daß den Menschen die Geschichte aller Geschöpfe kundbar ist oder wird. So hat

Gott auch diese Geschöpfe dem Menschen gelegentlich vorgestellt, uns sie sehen lassen, sie mit den Menschen wandeln und reden lassen, damit der Mensch wisse, daß es solche Geschöpfe in den Elementen gebe, die unseren Augen so wunderbar erscheinen.

Und damit wir über die Dinger gute Berichte haben, sind die Wasserleute zu gutem Wissen der Menschen nicht allein mit Augen gesehen worden, sondern sie haben sich auch mit ihnen vermählt und ihnen Kinder geboren. Desgleichen die Bergleute; man hat sie nicht nur gesehen, sondern auch mit ihnen geredet, Geld und Streiche von ihnen erhalten und dergleichen. Dasselbe gilt von den Waldleuten, die man gesehen und mit denen man gehandelt und gewandelt hat. Auch mit den ätnaischen Vulkanern, die sich gleichfalls den Menschen vorgestellt und gezeigt haben, so daß man weiß, wer sie sind und was man von ihnen zu halten hat. Denn gleiches soll in seinesgleichen erkannt werden. Das heißt, der Mensch ist ein Geist und ein Mensch, *ewig und sterblich zugleich*".

Aberglaube oder Wirklichkeit? Das nächste Kapitel gehört dieser Frage. Fraglos aber können wir die Lehre des Paracelsus annehmen, Gott hätte die Elementargeister als Hüter über die Natur gesetzt. Sie bewachen die Schätze der Erde und der Meere. Diese sollen also nicht habgierig ausgebeutet werden, sondern sind nach und nach und von Land zu Land behutsam und demütig zu heben. Elementargeister, die von diesem Wächteramt befreit sind, zeigen als Vorboten Armut, Zerstörung und Untergang an. „Selig werden die Leut seyn, denen der Verstand geoffenbart wirdt werden."

Also selig sind wir noch nicht! Ob wir es rechtzeitig werden?

„Seliger ist es zu beschreiben die Nymphen, dann zu

beschreiben die Orden: Seliger ist zu beschreiben den Ursprung der Rysen, dann zu beschreiben die Hoffzucht: Seliger ist zu beschreiben Melosinam, dann zu beschreiben Reütterey und Artellerey: Seliger zu beschreiben die Bergleut under der Erden, dann zu beschreiben Fechten und Frawan dienen."

Oder, wie der bedeutende Paracelsus-Forscher Erwin Jaeckle diese Seligpreisungen in unser finsteres Jahrhundert übersetzt:

„Seliger wäre es, sich die Nymphen zu gewinnen, als ihre Wasser zu vergiften; seliger wäre es, den Geistern der Winde zu lauschen, als die Lüfte zu vergasen; seliger wäre es, die Hüter unserer Erdschätze zu achten, als ihre Lager auszubeuten; seliger wäre es, über den Feuern zu wachen, als sie in Atommeiler zu bannen."

Der Einstein der Elemente

Können wir Paracelsus so nennen? Das kommt darauf an, ob und auf welche Weise die Raumzeitstruktur das Wesen der Elemente bedingt. Denn relativ sind sie, nach Paracelsus, auf jeden Fall!

Er nennt das Element, in dem die ihm zugehörigen Geister leben, jeweils ihr Chaos. Und dieses Chaos erscheint immer wieder als ein anderes. Unser Wasser ist die Luft der Undinen, unsere Erde die Luft der Gnomen, unsere Luft der Himmel der Salamander. Außer Paracelsus weiß ich niemanden, der die Relativität der Elemente erkannt hat. Und doch müßte diese Erkenntnis unser ganzes Weltbild verändern!

Möge ein Neugieriger, eine Neugierige diese Zeilen

lesen! Ein Mensch, der – wie es ihr zusteht – die Welt immer wieder in Frage stellt. Möge er oder sie dann den ganzen Paracelsus studieren! Und vielleicht neue Elemente der Wirklichkeit entdecken, die unsere durch Gewohnheit erblindeten Augen nicht wahrnehmen.

Ich denke an eine Relativitätstheorie der Elemente, eine Relativitätstheorie der Geister, eine Relativitätstheorie des Lebens.

Unser Chaos – das Element, in dem wir Menschen leben – ist eine Wirklichkeit. Wir können sie nicht verlassen, nicht ganz. Wir würden sonst ersticken, ertrinken, verbrennen.

Aber ist sie darum die einzige?

Wie viele Elemente hat die Wirklichkeit, und wie viele Wirklichkeiten gibt es?

Nymphen tauchen zuweilen aus ihrem Chaos auf und sitzen am Ufer. Einmal, nur ein einziges Mal sollte jeder Mensch sein Chaos verlassen und über die Ufer seiner Wirklichkeit steigen.

Und alles wäre verwandelt.

Steinlied

Großvater, Großvater, Großvater Stein,
Alter Zauberer, düster und grau,
In der Opferschale silbernen Tau
Und Blut von Tieren, Blut von der Frau,
Mein Herz schlägt als Blitz in dich ein!

Fährt durch den Leib dir wie Sturm und beschwört
Dich, wie früher zu halten Gericht
Über Mord und Frevel, und dein Gewicht
Zermalme jeden, der das Gesicht
von Großmutter Erde zerstört!

Waren sie Götter?

Viele halten die Riesen und Zwerge, das ganze Volk der Elbischen für Gottheiten früher Kulturen. Aus den Leichnamen der Vergangenheit stiegen sie, unter dem bösen Blick der katholischen Päpste, als Kobolde, Dämonen und Naturgeister wieder in uns auf.

Riesen wären demnach Personifikationen von Sturmwinden oder Zyklonen, Erdbeben oder Eruptionen. Sie sind die ältesten Unsterblichen überhaupt. In griechischen Sagen waren sie von beängstigender Größe, mit geschuppten Füßen, die in Schlangenköpfen endeten. Die Folklore der Eskimos und der nordamerikanischen Indianer ist voll von Geschichten über Riesen. Ihr Geruchssinn ist stark ausgeprägt, und über weite Entfernungen riechen sie Menschenblut.

Im alten Ägypten gab es einen Gott der Luft: Schu. Seit jeher ist die Luft das Element Unsterblicher, von den Engeln bis zu den Elfen, von den Walküren bis zu den Boreas. In Babylonien und Assyrien herrschte der Wetter- und Regengott Adad über die Winde.

In der frühphönizischen Mythologie überwachte die Luft das Wachsen und Werden aller Dinge. Luft und Hauch erschienen als Geist und Gefühl, und aus beider Verbindung entstand das kosmische Ei.

Die Griechen hatten vier Gottheiten zur Beherrschung der Winde: Boreas, Zephyros, Euros und Notos, alle Söhne der Morgenröte und des Himmels. Typhon, ein Sprößling von Erde und Unterwelt, verkörperte die Orkane. Auch die halb frauen-, halb vogelgestaltigen Harpyen waren Sturmdämoninnen.

Beim Feuer unterscheidet man zwischen dem himmlischen heiligen und dem gewöhnlichen Herdfeuer, und jedes hat seine Götter.

Die Sumerer hielten Wasser für das Element, aus dem die Welt entstand, und der Meeresgott Poseidon ist älter als Zeus. Die griechischen Nymphen sind an Quellen und Bächen anzutreffende niedere Gottheiten.

In den Liedern der isländischen Skalden war der erste Unsterbliche Ymir, der Stammvater der Riesen. Die Götter Odin, Wili und We erschlugen ihn. Aus seinem Fleisch entstand die Erde, aus seinem Blut das Meer, aus seinem Schädel das Himmelsgewölbe. Seine Knochen wurden zu Bergen, seine Haare zu Bäumen. Odin, Wili und We bauten sich Paläste im Göttergefilde Asgard, von dem die Regenbogenbrücke Bifröst nach Midgard führte, dem Land der Erdlinge. Insgesamt gab es neun solcher Welten und gibt sie vielleicht noch immer: Muspelheim, Albenheim, Asenheim, Wanenheim, Windheim, Mannheim, Jötunheim, Myrkheim und Niflheim. Sie werden entsprechend von Muspelsöhnen, Lichtelben, Asen, Wanen, Seelen, Menschen, Riesen, Zwergen und Toten bewohnt. Alle liegen unter der schützenden Krone der Weltesche Yggdrasil, die sich im Mittelpunkt des Alls erhebt.

Die Welt der Toten, die neunte Welt, liegt – wie die der zwergischen Unsterblichen – unter der Erde. Unterirdische beide, die Elben wie die Toten.

Odin, der höchste der germanischen Götter, ist ein Gott der Nacht, des Zaubers, der Toten. Als Führer der im wilden Heer dahinziehenden Seelen jagt er donnernd durch den schwarzen Himmel. Und wie die Elben hat er die Fähigkeit, sich zu verwandeln.

Alle Frühzeiten sind dunkel. Die der Menschen, die der Elben, die der Götter.

Oder waren sie Menschen?

Die Bewohner Schottlands unterschieden ihre Feengesellschaften in die seelie court, die glückbringende Schar, und die unseelie court, rachsüchtige Geister verstorbener Menschen.

In Wales und Irland betrachtete man sie als Einheit. Man nannte sie daoine side, Bewohner der Feenhügel, weil ihre Paläste unter den grünen Hügeln versteckt lagen. In irischen Geschichten und Liedern wird die Spur dieser Feen Tausende von Jahren zurückverfolgt, bis zu einer Zeit, in der die Insel von dem Volk der Firbolg besiedelt war.

Bis an einem Maimorgen der Nordhimmel von einer Wolke verdunkelt wurde. Sie hing drei Tage lang über dem Herzen Irlands. Als sie sich auflöste und in Schwaden aufs Meer hinaustrieb, blieben Scharen glitzernder Feenkrieger zurück. Von verzauberten Inseln waren sie auf der Wolke gekommen.

Niemand weiß, wie lang ihre Herrschaft währte. Die Vorfahren der Gälen vertrieben sie. Nach ihrer Niederlage suchten die Tuatha – das Volk der Göttin – Zuflucht in der Unsichtbarkeit. Sie verbargen sich in den Hügeln und erhielten den Namen daoine side oder Doane Shi, friedliche Leute, gute Leute. So waren sie also harmlos geworden, grüngekleidet und scheu.

Im Lauf der Jahrhunderte wurden sie immer kleiner. Die Prinzen der Feenwelt ritten, statt auf Pferden, auf Grashüpfern und trugen Rüstungen aus Fischschuppen. Sie lebten nicht länger in Hügeln, sondern in ausgehöhlten Eichen oder in den Blütenkelchen von Sumpfdotterblumen oder unter den Blättern von Erlen und Birken. Und schließlich schwanden die Heldenfeen und gingen in der großen Schar der Erdfeen auf, die seit Anbeginn der Welt Wald, Feld und Gewässer bevölkern.

Sterbliche, denen es gelungen war, einen Blick in ihre leuchtenden Königreiche zu werfen, berichten von Feenbegräbnissen. Die tote Fee wurde auf einem Rosenblatt getragen, und die trauernden Abkömmlinge der mächtigen Feen ritten auf Nachtfaltern und Schmetterlingen in die Bedeutungslosigkeit.

Demnach wären Feengeschichten nichts weiter als Erinnerungen an die Urbevölkerung eines Landes, die von Eroberern besiegt und entmachtet wurde. Die Unterlegenen zogen sich in unwegsame Gegenden, in unterirdische Verstecke zurück und kamen nur heimlich in der Nacht daraus hervor.

Das ist also die historische Feentheorie. Glauben Sie ihr? Aber Sie müssen sich nicht entscheiden! Oder vielleicht doch?

Ich muß plötzlich an die neue Physik denken, in der die kartesianische Trennung von Beobachter und Beobachtetem nicht mehr gilt. Sondern der Beobachter verändert das Beobachtete, wird eins mit ihm. Auf der subatomaren Ebene, wo feste Körper sich ins Unbestimmte, Unbestimmbare auflösen.

Erinnert uns dies nicht an die geisterhafte, schillernde, sich beständig verwandelnde Elbenwelt?

Elben sind Naturgeister. Elben sind ehemalige Götter, deren Macht und Größe dahinschwand. Elben sind Menschen. Elben sind gefallene Engel. Elben sind riesig. Elben sind winzig. Elben sind . . .

Durch Ihre Art, Elben zu sehen, entscheiden Sie – wer oder was Elben sind!

Sieht man sie überhaupt?

Normalerweise nicht. Aber normalerweise sieht man auch keine Seelen. „Naturgeister", schreibt Wilhelmine Keyserling, „sind Wesenheiten in der Aura der Erde, an der Schwelle zwischen Energie und Verkörperung."

Muß man also aurensichtig sein? Gut wäre es schon. Aber es soll auch ganz probate Mittel für gewöhnliche Sterbliche geben. Zum Beispiel braue man sich einen Trank aus wildem Thymian. Aber nur aus den Spitzen, die man in der Nähe eines oft von Geistern besuchten Hügels pflücken soll. Der Trank muß außerdem Gras von einem Elfenthron enthalten.

Wem das zu kompliziert ist, der kann auch über die rechte Schulter schauen. Am besten in der Nähe von Himmelschlüsselchen, Fingerhut und Glockenblume, die im Schatten der Eiche wachsen. Winzig kleine Feen sollen wie Bienen in ihren Blütenkelchen leben. Außer der Eiche bevorzugen die Elben auch noch den Dornenbaum, den Schwarzdorn, die Haselnuß, die Erle und den Holunder, den einige für einen heiligen Herrn und wieder andere für eine Hexe halten. Auch auf die Uhus wäre zu achten. In Schweden hält man sie, im Zwielicht des Waldes, für seine Elben.

Sollten Sie ein bißchen Angst bekommen, dann vergewissern Sie sich, daß fließendes Wasser in der Nähe ist. Fließendes Wasser beschützt vor Feen. Salz und Eisen auch.

Der unvergleichliche Lewis Carroll, dem wir „Alice im Wunderland" und „Hinter den Spiegeln" verdanken, gibt uns in „Sylvie und Bruno" einen guten Rat: „Welches ist die beste Zeit, um Feen zu sehen? Ich denke, darüber kann ich euch wohl etwas sagen. Die erste Regel lautet: Es muß ein sehr heißer Tag sein. Und ihr müßt etwas schläfrig sein, aber auch wieder nicht zu schläfrig. Und dann solltet ihr euch auch ein bißchen feenmäßig fühlen."

Das ist früher freilich leichter gewesen. Wann fühlt sich heutzutage schon ein Bankdirektor feenmäßig? Oder ein Fußballer, eine Zahnärztin, ein Lastwagenchauffeur?

Wer Wesen der Zwischenwelt wahrnehmen will, muß selbst ein wenig zwischen den Welten leben. Nach Kant ist die andere Welt ohnedies nur eine andere Anschauung. Der Lidschlag zwischen zwei An-Schauungen wäre demnach das Zwischenreich.

In diesem Lidschlag aber lösen Raum und Zeit, wie wir sie kennen, sich auf. Beide sind von Rissen und Spalten durchzogen, und ein einziger Schritt entfernt uns, vielleicht für immer, von allem Vertrauten. Die Reise in die Feenwelt machen wir ohne Kompaß, es gibt keine Landkarte, und fortwährend verändern und verschieben sich ihre Grenzen. Alles ist schöner, aber auch unklarer, unbestimmter. Sogar das Licht ist feenhaft und so, als erhielte die Sonne ihren Glanz vom Mond.

Feenzeiten sind Vollmond, die Nächte davor und danach. Die Morgendämmerung, die Abenddämmerung, die sommerliche Mittagsstunde und Mitternacht. Die Nächte zwischen den Jahreszeiten, Beltaine – die Nacht zum 1. Mai – und Samain – die Nacht zum 1. November. Da sind die Grenzen offen, und Feen und Tote gehen um. Freitag ist der Sonntag der Feen, und am Mittwoch müssen die Sterblichen sich vorsehen, um nicht in die Anderswelt zu geraten. Manche Menschen haben auch schon in dieser Feenblut in den Adern.

Feenzeit, Anderszeit – was ist sie? Studieren wir die Zeugnisse archaischer Kulturen, machen wir eine merkwürdige Entdeckung. Die frühere Menschheit kannte eine Perspektive der Wahrnehmung, in der Ereignisse ohne zeitliche Fixierung existierten. Die Volkskunde hat dafür den Begriff der Traumzeit geprägt.

„... und manchmal flogen sie auch durch die Luft hinüber in die Anderswelt", schrieb ein unbekannter irischer Autor des neunten Jahrhunderts. Das Land hinter den Wellen ist die Anderswelt. Sie ist auch das Totenreich.

Im „Book of Leinster" finden wir eine alte gälische Geschichte, in welcher drei Brüder sich auf eine Reise ins offene Meer begeben. Nach zahlreichen Abenteuern gelangen sie zu einer Insel, auf der Tote und Lebendige in friedlicher Gemeinschaft leben.

Wo Jenseitswelten und Menschenwelt sich berühren, sitzt auf der Grenze die Wasserfrau. In den Jenseitsvorstellungen vieler Völker gilt Wasser als das Reich, in das die Seelen der Toten eingehen. So wird es selbst zum Totenland, oder wir kommen, wenn wir es überqueren, auf der fernsten Insel an. Wasser ist die Grenze zwischen Leben und Tod.

Ist die Fahrt der drei Brüder, sind die vielen anderen seltsamen Fahrten, von denen berichtet wird, Reisen der Seele durch die Welt des Jenseits? Ist die Anderswelt das Reich der Seele? Gehört unsere Seele dem elbischen Totenreich an?

Waldlied

Was tut ein Baum den ganzen Tag?
Er fängt den Himmel auf, der fällt
Als Licht herunter auf die Welt.
Das tut ein Baum den ganzen Tag!

Was tut ein Baum die ganze Nacht?
Er stillt dein Herz mit Himmelslicht,
In das er seinen Schatten flicht.
Das tut ein Baum die ganze Nacht!

Wie viele Bäume hat der Wald?
Der armen Seelen Zahl ist gleich.
Baumwurzeln steh'n im Totenreich,
Und viele Geister hat der Wald!

Wer nie im Walde sich verirrt,
Sich niemals selbst gefunden hat
Als Wurzel, Krone, Stamm und Blatt.
Hast du dich nie im Wald verirrt?

O schöner Bruder Tannenbaum . . .

Feenbäume

Die ältesten Heiligtümer der Germanen waren natürliche Wälder, und vor allem die indogermanische Rasse hat immer schon Bäume verehrt. Den keltischen Druiden war die Eiche heilig. Manche Bäume haben Schatten oder Seelen, und wer einen solchen Baum fällt, muß sterben. Stirbt aber ein Baum, kann sein befreiter Geist zum Dämon werden und morden. In alten Zeiten hat man beseelte Bäume miteinander verheiratet.

Dryaden waren in der griechischen Mythologie die zwar sterblichen, jedoch langlebigen Schutzgöttinnen (Nymphen) der Wälder, der Bäume. Von den Hamadryaden unterscheiden sie sich dadurch, daß sie ungebunden in ihrer Bannmeile umherschweifen, während die letzteren als Baumelfen Gefangene ihres Baumes sind und seine Lebensdauer sich an die ihre knüpft, denn er ist ihr Körper.

Die Baumelfe spürt, wenn ein Mensch sich zu ihrer Körperlichkeit, eben dem Baum, hingezogen fühlt. Freundschaft, ja Liebe entsteht zuweilen zwischen Mensch und Baum. Und nicht nur in alten Märchen können wir mit Bäumen reden, von ihnen beschützt und geheilt werden. Bäume werden auch krank und sterben, wenn der mit ihnen verbundene Mensch krank wird und stirbt. Sind sie doch Individuen wie wir; werden geboren, wachsen, vermehren sich, altern, leiden und gehen ein in den Tod.

Man sagt, daß Bäume einen König haben, genau wie die Elben. Das ist eine gemeinsame Seele, die über einer Baumgruppe waltet. Von ihr hängt auf Gedeih und Verderb jeder Baum im weiteren oder engeren Umkreis ab. Die Wissenschaft kennt die Rosen-Mutter oder den Pappel-Ahnherrn. Zwischen ihnen und ihren Abkömmlingen gibt es eine leid- oder freudvolle Kommunikation. Geht die Stammpflanze, König oder Königin, ein, sterben sie gemeinsam aus. Verschwand nicht auch seinerzeit die berühmte La-France-Rose gleichzeitig auf der ganzen Welt?

Es kann also gemeinsame Pflanzenseelen geben, und warum sollten wir sie nicht Nymphen nennen? Oder vielleicht morphogenetische, das sind gestaltbildende, Felder.

Wahrscheinlich sind Baumelben oder Nymphen die Seelen der Bäume und erschaffen deren physische und spirituelle Gestalt.

Die Kelten glaubten überdies, daß gewisse Bäume – und auch Steine – mit besonderen Kräften ausgestattet sind oder den Seelenkörper einer Gottheit oder eines Helden beherbergen.

In den von Feen beseelten Bäumen des Waldes leben uralte Mächte fort. Und noch immer hört man im Rauschen der Eichenblätter die Stimmen der Hamadryaden. Wie durch trübes Glas zeichnen ihre Gesichter sich schemenhaft in den Baumrinden ab. Viele andere Geister, in jedem Land anders benannt, bewohnen daneben die Blätter, Zweige und Wurzeln der Eiche.

Leicht zu erspähen, so sagt man, sind die Baumelfen; kleine knorrige Männer und anmutige Frauen, die zum Gesang der Frösche und Grillen über die Äste tanzen. Schwieriger schon sind die mit der Heilkraft der Kräuter vertrauten Moosweibchen zu entdecken, denn sie verhüllen ihre zerfurchten alten Gesichter mit Moos.

Im Wald lebende Weiden schlurfen manchmal knarrend den Wanderern nach. In den Mooren Somersets lebt ein weiblicher Geist, der von den Menschen „Die mit der weißen Hand“ genannt wird. Bleich und hager wie die Bäume ringsum, flattert sie aus dem Dickicht der Birken und überfällt arglos des Weges daherkommende junge Männer. Streift ihre Hand den Kopf eines Jünglings, verfällt er dem Wahnsinn. Berührt sie gar seine Brust, sinkt er tot um.

Wer einen Feenbaum fällt, erleidet Unglück. So lebte in Böhmen eine Weidenfee, die sich tagsüber in die Welt der Menschen begab. Bei Nacht kehrte sie wieder in ihren anmutigen Baum zurück. Sie heiratete einen Sterblichen, gebar ihm ein Kind und lebte glücklich mit ihm. Da fällte er eines Tages – ohne zu wissen, was er tat – ihren Baum. Im gleichen Moment starb die Fee.

Bäume, die Grenzen markieren, Dorfbrunnen umsäumen, Kirchhöfe beschatten – wer weiß schon, welcher von ihnen Feen als Unterschlupf dient? Doch sagt man, daß es die durch Alter, Krankheit oder Sturm knorrig und krumm gewordenen sind, in denen Geister wohnen.

Wer sich, wie auch ich, mit Geomantie beschäftigt hat, der alten Wissenschaft von den unterschiedlichen Qualitäten des Raums, wird jetzt lächeln. Warum sollten Alter, Krankheit oder die Male des Sturm einen Baum für Feen begehrenswert machen? O nein, natürlich sind es die Störzonen!

Gekreuzte oder gar doppelt gekreuzte Wasseradern, zum Beispiel. Früher hat man Kultstätten und bis ins zwölfte Jahrhundert noch christliche Kirchen über ihnen errichtet. Spukhäuser stehen immer auf Störzonen. Katzen lieben sie. Geister. Und Elben.

Denn auf den unterirdischen Kreuzwegen des Wassers gelangt man in die jeweils andere Welt.

Entrückung

Die süßen Weisen, die Thomas der Reimer in einem einsamen Wald sang, lockten eine Elbenkönigin herbei. Sie nahm den sterblichen Mann mit in ihr Reich, wo er sieben

Jahre lang lebte. Dann kehrte er in die Welt der Menschen zurück. Doch als die Schatten des Todes auf ihn fielen, erschien ein weißes Hirschenpaar und rief ihn ins Feenland zurück.

Umgekehrt zwang König Orpheus von Thrakien mit einer Harfe, die von den Wundern der Liebe sang, einen Elbenkönig, seine Gemahlin freizugeben, die durch Feenzauber lange Zeit gefangen war.

Feenkönige entführten einst Frauen der Sterblichen, vermählten sich mit ihnen oder machten sie zu ihrer Geliebten. Schöne Nixen zogen irdische Männer in tödlicher Liebe hinab in ihr Reich.

Elbenritter, Schwanenfrauen, Schlangenbräute – so viele betörende Fallen. Schlafen Sie nie an einem grasbewachsenen Hügel ein! Treten Sie in keinen Feenring! Hüten Sie sich vor Elbennahrung! Haben Sie einmal davon gekostet, verlieren Sie Ihre Seele. Sie fallen in Feengewalt, und erst nach sieben Jahren wird Ihnen erlaubt, zu den Wohnungen der Menschen zurückzukehren. Nach abermals sieben Jahren verschwinden Sie wieder und werden dann selten noch einmal unter den Sterblichen erblickt.

Sieben Jahre? Feenminuten können Jahrhunderte sein. Ein Mädchen, das glaubte, drei Tage lang in einem Elbenhügel gewesen zu sein, hatte ein ganzes Jahr dort zugebracht. Und jenen beiden schottischen Spielleuten, die den Unirdischen zum Tanz aufspielen mußten, kamen hundert Jahre vor wie eine einzige Nacht. Ein junger Mann, den die Elbin nur einmal küßte, zerfiel gleich darauf zu Asche und Staub.

Was fällt Ihnen dazu ein? Richtig, die Einsteinsche Zeitdilatation. Der Gang einer bewegten Uhr, so besagt sie, ist für ruhende Beobachter langsamer als für mitbewegte Beobachter. Oder, ganz einfach, die Uhren gehen im Feenreich anders. Vor allem, weil es dort keine gibt.

Gibt es auch keine Zeit? Die Quantenphysik (Einstein-

Podolsky-Rosen-Paradoxon) lehrt, daß es eine raumlose, zeitlose, akausale Dimension unseres Seins gibt. Die Mystiker aller Religionen haben sie Ewigkeit genannt. Nachts im Traum treten wir in diese Dimension ein. Oder wenn wir sterben. Oder wenn wir entrückt werden.

Ich halte es für sehr möglich, daß auch Traum und Tod Entrückungen sind. Entrückte Menschen sind geisterhaft. Sie schlafen, und nur von Zeit zu Zeit wachen sie auf.

Verwandlungen und Verwünschungen unterscheiden sich darin, daß das Verwandelte, in seine neue Gestalt gebannt, bis zu seiner Erlösung in ihr beharrt. Allen Augen sichtbar! Während das Verwunschene unseren Sinnen entrückt wird. Das Verwandelte bleibt leiblich, das Verwunschene verliert sich und kann nur bedingungsweise wieder leibhaft werden. Verschwinden bedeutet also, sich freiwillig zu entrücken. Ein Vermögen der Götter und Geister.

Haben Entrückte die Grenzen ihrer Menschlichkeit schon überschritten, sind den Göttern und Geistern näher als uns? Sollen wir uns wünschen, verwunschen zu sein?

Die Todesgöttin

Sie ist die schwarze Erdmutter und der leichenblasse Tod: Holda und Hel, Liebe und Tod. Die schwarze Göttin der Unterwelt. Und die weiße Göttin, Königin aller Elben. Weiß wie Milch. Weiß wie Schnee. Weiß wie die Lepra.

Wir kennen sie als Frau Holle. Sie sitzt am Brunnen, dem Eingang ins Totenreich. Aber am Grund des Wassers erwartet uns das schöne Land, voll von Wiesen und Blumen.

Die Holle ist eine alte Frau mit großen Zähnen. Irdische

alte Frauen sind zumeist zahnlos. Also stehen die großen Zähne für das Überirdische, für die göttliche Kraft.

Großzahnig, langnasig, struppig und mit verworrenem Haar erscheint die Märchenfrau als Tödin. Frau Holle und die Perchta sind ein- und dieselbe.

Holla, die Schnee- und Nebelfrau, ist Herrin des Reichs unter dem Wasser. Herrin auch der drei Spinnerinnen, der germanischen Nornen, der griechischen Moiren. Drei Schicksalsgöttinnen, die den Faden des Menschen spinnen, erhalten, durchschneiden. Oder vielleicht sind sie auch die drei Aspekte der Holle. Dreifaltig, waltet sie über Geburt, Leben und Tod. Wie in den Jahreszeiten erscheinend als Jungfrau, Braut und altes Weib.

Der Hollerbaum ist ihr geweiht. In der mythischen Vorstellung leben am Fuß des Hollerbaums oder unter ihm die Verstorbenen.

Bei den Kelten begann das Jahr im November. Es wurde mit einem großen Totenfest, dem Halloween – heute Allerheiligen und Allerseelen – eingeleitet. Diese Zeit durchwirkt Holla als Herrin der Toten. Zu Allerseelen zeigen sich die Seelen als Kröten, die heiligen Tiere der Göttin. Sie springen durch die Luft und erscheinen als weiße Nebel.

Die Erscheinungen der Novembernatur wurden als mythische Wesen vorgestellt, zu denen auch die Zwerge und Elben gehören. Frau Holla ist ja als ihre Königin bekannt. Grimm meint, daß sie zwar Geister wären, doch weniger dem griechischen daimon als vielmehr dem lateinischen genius entsprächen. Der Genius wird als ein außerhalb des Menschen existierender Schutzgeist verstanden. Das Christentum hat diese Wesen zu Schutzengeln gemacht und die Schar der Holden oder Elben in gute und böse Wesen gespalten. Aus dem Tanz der Elben wurde der Hexentanz.

Der Berchta-Aspekt der Göttin ist ihr wilder, dämonischer Teil. Ihre eigentliche Zeit liegt dann zwischen dem Christ- und Dreikönigstag. Mit Wolf- oder Fuchsschwanz und Gänsefuß – diese Attribute deuten ihre Jenseits- und Wassernatur an – führt sie ihr gespenstisches Gefolge durch die Nacht. Ihm gehören neben den Elben, den toten Seelen und allen Ungetauften noch der Ruprecht, der Hollenpeter und der treue Eckhart an. Ein wildes Heer, das alle, die nicht sehend sind, für Schneestürme halten. Die Umzüge des Nikolaus mit seinem Knecht Ruprecht erinnern noch an die Elbenkönigin Holla und ihre Schar. Auch Holla und Berchta besuchen die Kinder. Sie belohnen und bestrafen.

Der Name Berchta geht auf das althochdeutsche Perahta, die Leuchtende, zurück. Doch kann man ihn auch von pergan, verbergen, ableiten, während Holle, Holda, Hulda zum althochdeutschen holdo gehört, das mit genius, Geistwesen, übersetzt wurde. Mit dem niederhochdeutschen hold, gnädig, haben diese Holden und Unholden jedenfalls nichts zu tun.

Viele Dämonen haben ihre Zugehörigkeit zu Hel, der Verhüllerin, durch ihren Namen bekannt. So führt der der nordischen Huldren auf huldi, die Verhüllten, zurück. Die Sprache verrät uns also, daß Huldren als die Verhüllten Opfer der Hel sind, die Toten.

Die Holden, Huldren, Elben, Zwerge könnten also die Toten sein, die Verhüllten. Die Frage, ob sie nun sterblich oder unsterblich sind, hat damit ihre Antwort gefunden. Oder doch nicht? Sind Tote unsterblich?

Vielleicht ist Leben nur die verwünschende und verwandelnde Fee und Zeit ihr die Ewigkeit verhüllender Zauberstab. Zeit als Tarnkappe, als Helhut der Unendlichkeit . . .

Wie Odin mit seinem Wolkenhut und verhüllenden Mantel ist Frau Holle-Percht ein Todesdämon, die Verborgene. Eine Nachfahrin der uralten Verbergerin Hel.

Waldviertler Botschaft

Schau dich im Spiegel der Teiche,
Uraltes Elbenreich, an.
Steig aus den Ringen der Eiche,
Tanze mit Buche und Tann!

Zwielichtland zwischen den Welten,
Wildnis aus Mensch und Getier,
Laß deine Schatten, die Kelten,
Auf wieder stehen in dir!

Nie warst ein Knecht du der Zeiten,
Waldherr aus Mohn und Granit.
Elben und Elbinnen reiten
Singend dich. Schrei ist ihr Lied!

Erde, Luft, Wasser und Feuer
Singen mit ihnen im Chor.
Wildfrau und Waldungeheuer
Öffnen der Finsternis Tor.

Kobolde, Zwerge und Riesen
Treten aus Ulmenalleen.
Abendtau fällt sanft auf Wiesen
Voll entenfüßiger Feen.

Lichtelben ziehen wie Schleier
Goldener Nebel durchs Land.
Dunklere rauben als Freier
Menschen den Sinn und Verstand.

Hüter der Schwelle, Holunder,
Neige dein weißes Gesicht
Über mein Herz, bis ein Wunder
Sanft seine Grenzen zerbricht.

Mondreiche

Es gibt Sonnenreiche, in denen die Helden und Wissenschaften gedeihen. Und es gibt die Mondreiche der Magier und der Träumer. Das keltische ist ein Mondreich gewesen, und vielleicht ist es das immer noch. Ob in Irland, Schottland, England. Oder im Waldviertel, das ich so liebe und von dem die Sills-Fuchs sagt, daß sein Granit die Wiege der Kelten war und zuletzt, auf der Flucht vor den Römern, ihr Sarg.

Aber es gibt eine äußere Geographie, und eine innere gibt es auch. Und so kann das Mondreich der Kelten eigentlich überall sein.

Der Tod bringt Leben, das Leben den Tod hervor. Die Kelten strebten darum die Überwindung der Materie, die Entstofflichung ihres irdischen Zustandes an, um so dem Leben wie auch dem Tod zu entrinnen. Sie hatten keinen Sinn für die als Geschichte gesammelte Vergangenheit. Ihr Weltbild war überhistorisch, ihr Kalender war der Baumkreis, und sie hatten auch – obwohl sie schriftliche Überlieferungen ablehnten – ein Baumalphabet. Die Welt erfaßten sie als Ganzheit, als lebendiges Gewebe, in dem alles mit allem verbunden ist.

Wie sie selbst in unserem Bewußtsein, steigt um die Wende dieses Jahrtausends ihr Weltbild wieder in den Wissenschaften auf. So betrachtet, sind Paracelsus und Giordano Bruno späte und zugleich frühe Kelten gewesen.

Geburt, Leben und Tod waren so identisch für sie wie der Tag und die Nacht: verschiedene Erscheinungen ein und desselben Seins, dessen Wesen wir erst jenseits der sinnlichen Wahrnehmung erkennen, jenseits des Menschlichen. In der Anderswelt, wo jeder von uns, ohne beim Namen gerufen zu werden, auferweckt wird.

Zuversichtlich und nicht ohne Humor sahen die Kelten dem Tod entgegen. Der Tod ist der Zeugende! Und die Ewigkeit des göttlichen Geistes ist unendlich bewegt.

Während seines dreitägigen Sterbens erklimmt der Barde die drei mystischen Welten des keltischen Lebens: vom irdischen Körper zum physischen Geist und schließlich zum strahlenden Seelenlicht, in dem sich die Sonne selbst manifestiert.

Fast ist man geneigt, die Kelten selbst für Elben und ihre Reiche für die Anderswelt zu halten. Ein Land ohne Zerfall, ohne Vergänglichkeit, ohne Trauer.

Manchmal denke ich, daß die Anderswelt vielleicht das schwarze Loch der Astronomen ist. Man gerät hinein und verschwindet hinter dem Ereignishorizont. Der Druidennebel fällt auf die Verschwindenden. „Wir sehen nach allen Seiten hin“, schreibt ein unbekannter irischer Autor des neunten Jahrhunderts, „aber niemand sieht uns. Es ist die Dunkelheit, der sich Adam entzog, die uns davor verbirgt, gezählt zu werden.“

Das Land der ewigen Jugend, das Reich hinter den Wellen, die Insel der Seligen. Zauberbäume sollen dort wachsen, an deren Namen geheimes Wissen geknüpft ist, und Tiere, die es sonst nirgends gibt. Wasserpferde, Elfenkälber, schneeweiße Hunde mit roten Ohren. Eine schöne Frau mit strahlenden Augen ist schon im nächsten Augenblick eine grauweiße Krähe mit scharfem Schnabel. Der dürre graue Bettler ist zugleich Manannan, der frühzeitliche Herr der Anderswelt. In einem Sack, der aus der Haut eines Kranichs gemacht ist, trägt er die Schätze der Welt. Seine Heimat wird von heiligen Vögeln bewacht, die vorbeifahrenden Reisenden zukrächzen: Tritt nicht ein! Bleib fort! Geh vorbei!

Aber wir sind nicht vorbeigegangen. Noch immer stehen wir auf der Schwelle und schauen nach den Unsichtbaren aus. Sidhe nannten die Kelten die Übernatürlichen, große glänzende oder schillernde, von innen her leuchtende Wesen. Als Schutzgeister hüteten sie heilige Orte und nahmen dabei die Gestalt einer Katze an, eines Vogels oder Fisches, je nach den Umständen und dem Charakter des Eindringlings oder Besuchers. Selbst die einer anmutigen Jungfrau oder abscheulichen Hexe. Solche Stätten waren Öffnungen des Schoßes der schwarzen Erdmutter, der weißen Todesgöttin, der Elbenkönigin.

Beim Sterben, im Nebel zwischen Luft und Meer, im Zwielicht der Dämmerung, am Ufer – überall, wo verschiedene Welten einander begegnen, haben die Kelten das Unbegreifliche greifbar zu machen versucht. Greifbar wenigstens dem Herzen, der Phantasie. So entstanden die Geschichten vom gläsernen Meer oder dem Boot aus Kristall, das manche Helden schon ins Land der Verheißung entführte.

„Ich frage dich“, sprach der Fürst zu seinem seltsamen Besucher aus einem anderen Reich, „was war der See, auf den wir jetzt blicken, in früherer Zeit?“ „Das weiß ich sehr wohl“, sagte der junge Mann. „Er war gelb. Er blühte. Er war grün. Er war hügelig. Er war eine Stätte, an der man zechte und trank. Silber barg er und Streitwagen. Ich ging hindurch, als ich ein Hirsch war. Als ich ein Lachs war. Als ich ein wilder Hund war. Als ich Mensch war, badete ich darin. Ich trug ein gelbes Segel und ein grünes Segel ... Ich kenne weder Vater noch Mutter. Ich spreche mit den Lebenden und den Toten.“

Der Feenschrei

Als ich zum ersten Mal vom Schrei der Banshee hörte, stach mich eine Nadel mitten durchs Herz. Und zugleich fühlte ich mich verliebt, ohne zu wissen in wen oder was.

In den vielen Jahren, die seither vergangen sind, suchte und fand ich die Spur dieser geheimnisvollen Banshee. Ihr Name kommt vom gälischen bean, Frau, und von sidhe, Fee. Sie ist die Königin aller Elben. Sie ist keine andere als die Weiße Göttin des Todes. Und von ihrer Insel her wirft sie ihre Schatten auf unsere Schlösser. Dort kennen wir sie als weiße Frau.

Wenn die Banshee singt, kündigt sie den Tod eines Sterblichen an. Sie zeigt sich dann in der Nähe des Hauses; auf dunklen Hügeln, in Gebüschen oder am Fenster des Kranken. Scharf zeichnen ihre weiße Gestalt und das silbergraue Haar sich vom Nachtblau des Himmels ab. Ein grauweißer Mantel aus Spinnweb' hängt um ihren Leib, der vor Kälte oder Trauer zittert und so dünn ist, daß der Wind ihn zerbrechen kann. Das Gesicht ist bleich wie das einer Toten, die Augen blutig vom Weinen. Sie ringt die Hände und klagt.

Ein langgezogener, stechender Ton in der Nacht, der anschwillt und wieder leiser wird, traurig und süß verlockend zugleich – so beschreibt man ihren Gesang. Sie stimmt ihn nur für die Nachfahren der großen alten Familien an. Doch der Totenschrei der Bauern ahmt ihren Gesang nach.

„Weiße Frau des Kummers", nennen die Leute sie. „Frau des Todes", „Frau des Friedens" oder „Geist der Luft". Ihr Schrei, der Feenschrei, erfüllt uns mit Entsetzen, erfüllt uns mit Entzücken . . ."

Wie der Tod, der Ende und Anfang zugleich ist. Wir

erwarten ihn angstvoll, und wir erwarten ihn sehnsüchtig. Er ist der verschleierte Liebhaber der Seele.

Aber wird er nicht von Nacht zu Nacht lauter, der Schrei der Banshee? Verkündet sie nicht der größten und ältesten aller Familien, nämlich der Menschheit selbst, den Tod?

Und vielleicht die Auferstehung.

Aber der Auferstandene und der Tote sind nicht mehr dieselben.

Bibliographie I

Arrowsmith, Nancy, Die Welt der Naturgeister, Frankfurt am Main 1984
Das große Buch der Geister, Oldenburg – München 1979
Die magischen Künste, Amsterdam 1987
Die Wasserfrau, Köln 1987
Feen und Elfen, Amsterdam 1984
Frazer, James George, Der Goldene Zweig, Leipzig 1928
Germanische Götterlehre, Köln 1984
Grimm, Jakob, Deutsche Mythologie, Granz 1968
Grimm, Jakob und Wilhelm, Irische Elfenmärchen, Stuttgart 1984
Hill, Douglas, und Patt Williams, Das Übernatürliche, Genf 1967
Herzog, Edgar, Psyche und Tod, Zürich – Stuttgart 1960
Hetmann, Frederik, Die Reise in die Anderswelt, Düsseldorf – Köln 1981
Jaeckle, Erwin, Paracelsus und der Exodus der Elementargeister, Calatra-Press Lahnstein
Keyserling, Arnold, Das Erdheiligtum, Wald 1983.
Keyserling, Arnold und Wilhelmine, Das Nichts im Etwas, Wien 1984
Keyserling, Wilhelmine, Mensch zwischen Himmel und Erde, Wien 1985
Lechner-Knecht, Sigrid, Die Hüter der Elemente, Berlin 1989
Lengyel, Lancelot, Das geheime Wissen der Kelten, Freiburg 1976
Moser, Franz, Bewußtsein in Raum und Zeit, Graz 1989
Paracelsus, Mikrokosmos und Makrokosmos, München 1989
Parker, Derek und Julia, Die Unsterblichen, München 1977
Ranke-Graves, Robert von, Die Weiße Göttin, Hamburg, 1985
Rüttner-Cova, Sonja, Frau Holle, Basel 1986
Schrödter, Willy, Neuer Ausflug ins Wundersame, Freiburg, 1967
Schrödter, Willy, Pflanzengeheimnisse, Eschwege 1968
Sharkey, John, Die keltische Welt, Frankfurt am Main 1975
Sills-Fuchs, Martha, Der Mittagshirsch, Wien 1990

II
Ein Gast im Buch

Auf der Suche nach Feen und Elfen geriet mein Verleger, Manfred A. Schmid, ganz unversehens, statt in einen grünen Hügel, in die Österreichische Nationalbibliothek.

Nachdem er ein paar Himmelschlüsselchen gegessen hatte, schaute er über seine rechte Schulter. Da entdeckte er einen Schatz, den der keltische Rechtsanwalt Stanley Jackson Coleman in den fünfziger Jahren dort versteckt hatte.

Es handelte sich um eine wunderliche Schar keltischer Geister, allesamt in den Bann der englischen Sprache geschlagen. Mein Freund Manfred löste den Bann, indem er die Geister liebevoll ins Deutsche übertrug. Dann brachte er sie zu mir.

Mit Vergnügen nehme ich sie in dieses Buch, eine Arche Noah aller in der Sintflut der Ratio ertrinkenden Elben auf.

Zum Glück gibt es schon ein paar solcher Archen, und vielleicht bauen Sie selbst auch eine? Damit sie nie aussterben, die schönen, zaubrischen Wesen der Anderswelt!

Feen und Elfen im keltischen Volksglauben

STANLEY JACKSON COLEMAN*

Alte keltische Überlieferungen

Die Kelten haben seit jeher fest an die Existenz von Feenwesen geglaubt. Das ist wahrscheinlich zu einem gut Teil auf die Vorstellungskraft ihrer Vorfahren zurückzuführen. Mit dem Feenglauben verbundene Traditionen werden heute zwar nicht mehr so ausgiebig gepflegt wie zu früheren Zeiten, aber in Wales, Irland und auf der Isle of Man trifft man noch immer auf Menschen, die die alten Überzeugungen hoch- und in Ehren halten. Außerhalb der keltischen Inseln – dazu gehören auch Cornwall, Schottland und die Bretagne – ist die Welt, jedoch nüchtern und wissenschaftlich geworden, und offenbar aufgeschreckt vom Skeptizismus haben sich die „kleinen Leute", wie die Elfen auch gerne genannt werden, schrittweise zurückgezogen und fristen nun ihr Leben hinter Mondstrahlen, versteckt im morgendlichen Nebel, oder sie haben Zuflucht auf dem Meeresboden oder im Inneren der Berge gesucht. Ihre zauberhafte Musik, einst so klar und deutlich vernehmbar, ist heute fast verklungen, so daß man höchstens noch ein schwaches Echo der Melodien hören kann. In diesen Gebieten scheinen heutzutage nur noch die Kinder mit der Feenwelt in Verbindung zu stehen. In den keltischen Kernlanden leben sie aber weiter in den Geschichten, die von ihnen und ihrer einmaligen Macht und Schönheit erzählt werden, von ihren schimmernden Roben und fröhlichen Tänzen im Mondschein auf grasbewachsenen Plätzen.

* Übertragung aus dem Englischen von Manfred A. Schmid.

Wenn von einer Fee oder einem Elf die Rede ist, dann denken die meisten Menschen an ein winziges Wesen, in Grün gekleidet, mit rotem Mützchen und regenbogenfarbigen Flügeln. Deshalb fällt es uns heute schwer anzunehmen, daß diese Wesen einst gemäß den uralten keltischen Überlieferungen eine mächtige Rasse darstellten, die über die Insel herrschte. Das war aber vor so langer Zeit, daß die Erinnerungen daran längst verblaßt sind, und die Geschichten von ihren Taten gleichen dem Raunen des Windes in den Bäumen, das man so oder so auslegen kann. Aber es gibt noch Leute, die uns beteuern, daß diese kleinen Wesen das sind, was von den Göttern, die von unseren keltischen Vorfahren einst verehrt worden sind, übriggeblieben ist. Diese Götter sind längst der Vergessenheit anheimgefallen – nicht aber für jene, die in den Feen und Trollen die Verkörperung der tiefsten Mystik und Poesie der Kelten erblicken.

Feen als Götter vorchristlicher Zeit

Der Ursprung des Feenglaubens verliert sich zweifellos im grauen Schleier der Urzeit. Es ist für uns heute ziemlich schwierig, in den keltischen Volksüberlieferungen klar zwischen dem Totenreich und der Feenwelt zu unterscheiden. Auf der Isle of Man wird im Brauchtum der „Phynoddere" mit dem mythologischen Zauberkönig in Verbindung gebracht und mit dem Gott „Manannin", während für die irischen Chronisten die Elfen nichts anderes sind als die alten Götter des heidnischen Irland, die – da sie nicht mehr verehrt und durch Opfergaben genährt wurden – in der Vorstellungswelt des Volkes immer mehr verblaßten und schließlich auch physisch zusammenschrumpften, bis sie nur noch wenige Spannen hoch waren. Die Vertreter dieser Überlieferungstradition behaupten sogar, daß die

Namen der Elfenkönige mit den Namen der Helden aus vergangenen heidnischen Tagen identisch und daß ihre heutigen Versammlungsplätze eigentlich deren Grabstätten sind.

Archäologische Fundstätten

Die Beweise für die Existenz von Feenwesen gehen zurück auf die Auffindung von Skeletten einer früheren, dem paläolithischen Menschen ähnlichen Zwergrasse in Irland, die wahrscheinlich mongolischer Abstammung war und als „kurzgewachsen, gedrungen, gelbhäutig und behaart" beschrieben wird. Wenn man eines dieser Geschöpfe in ein grünes Kleid steckt und ihm eine rote Mütze aufsetzt, gleicht es dann nicht unserem keltischen Feenfreund, dem „Leprechaun"? Es gibt aber auch in anderen Gebieten ähnliche archäologische Funde an Plätzen, die im Ruf stehen, von Elfen heimgesucht zu werden. So gibt es in Flintshire z. B. den Bryn-yr-Ellyon oder Feenhügel, der seit langem als Wohnstätte dieser Wesen gilt.

Als man im Jahre 1832 den Hügel öffnete, fand man darin die Gebeine eines Mannes, der eine über und über vergoldete bronzene Rüstung trug. Die Arbeit war etruskisch, und der Mann ist wohl während der römischen Besetzung Britanniens bestattet worden. Das Skelett, das vor längerer Zeit in Wales gefunden wurde, stammt zwar zweifelsohne von einem hochgewachsenen Manne, trotzdem wird an dem Glauben festgehalten, daß damals, als ganz Europa noch von dichten Wäldern bedeckt war, sich Zwergmenschen oder Gnome von Nüssen und Beeren ernährten und manchmal ihre Diät durch einen Bissen Fleisch bereicherten, wenn sie ein Tier gefangen hatten. Im Laufe der Zeit hat die Nachricht von der Ankunft und dem Vordringen einer neuen und stärkeren Rasse diese kleinen

Geschöpfe immer weiter nach Westen abwandern lassen und von mal zu mal tiefer ins Dickicht der Wälder, bis sie erkennen mußten, daß ihnen ein weiterer Rückzug durch Wasser und Ozean abgeschnitten war. Not macht bekanntlich erfinderisch, und so erscheint es durchaus plausibel, daß diese Zwergwesen eine effiziente Methode des Überlebens unter der Erde oder im Gebirge entwickelten. Die Volksüberlieferung sah dies jedenfalls als mögliche Erklärung für ihre seltsame Lebensweise.

Feentheorien

Es gibt fünf Theorien, die im Zusammenhang mit den Feen aufgestellt worden sind:

1. die mythologische Theorie, die auf der Überzeugung des Überlebens alter heidnischer Gottheiten früherer Völker in dieser Gestalt beruht;
2. die Pygmäen-Theorie, wonach Nachkommen bzw. Restbestände einer Zwergrasse mongolischen Ursprungs sich in das Dickicht der Wälder zurückgezogen haben;
3. die Druiden-Theorie, die die Feenwelt im Zusammenhang mit der Volksüberlieferung der Druiden und ihrer Zauberkünste sieht;
4. die naturalistische Theorie, das heißt der Versuch, derartige Vorstellungen als Naturphänomene zu erklären beziehungsweise zu rationalisieren;
5. die psychologische Theorie, die davon ausgeht, daß es in der Menscheit die Uridee eines Zwergwesens gibt, so daß also die Feenwelt eine reale Dimension der Schöpfung ist, mit Gesetzen, die sich ebenso wie die anderen Geschöpfe erforschen lassen.

Es kann nicht unsere Aufgabe sein, diese theoretischen Ansätze weiter zu verfolgen, sondern dies wird den Universitäten und Forschern überlassen, die ihre Abhandlungen und Dissertationen darüber schreiben mögen. Aus unserer eigenen Forschungsarbeit sind jedoch noch weitere Interpretationen hinzuzufügen. Einige keltische Menschen sehen die Feen als gefallene Engel an, die nicht gut genug waren, um gerettet zu werden, aber auch nicht so böse, daß sie der ewigen Verdammnis anheimfallen sollten, so daß sie deshalb in dieser Form weiterexistieren.

Andere wiederum glauben, daß es sich bei den Elfen um die Geister jener Menschen handelt, die das Land vor der Geburt unseres Herrn und Erlösers bewohnt hatten. Aufgrund ihrer Sünden wurden sie von den Freuden des himmlischen Paradieses ausgeschlossen, aber ihre Taten wurden nicht so schwer befunden, daß sie ihnen einen Platz unter den verlorenen Seelen im Hades eingebracht hätten.

In Wales schließlich gibt es die Meinung, daß die Feen eigentlich Druiden darstellen, die in diese Gestalt verwandelt worden sind, weil sie nicht ihren heidnischen Riten abschwören wollten und zur Strafe immer kleiner werden, bis sie schließlich in Ameisen verwandelt würden.

Die kleinen Leute vom Hügel

Obwohl also manche davon sprechen, daß es ihre Untaten waren, die die Bewohner des Feenreiches vom Paradies ausgeschlossen haben, ist es doch verwunderlich, daß wir gewöhnlich dann, wenn wir von ihnen sprechen, an eine Art von Geistwesen denken, die mit einer angenehmen, freundlichen und heiteren Grundeinstellung ausgestattet ist – voll von guten Gedanken und begierig darauf, großzügige Taten zu vollbringen und uns ihre uneigennützigen Dienste anzutragen. Auf dem Land heißen die Feen daher auch tatsächlich „die guten Leute“, „die Leute vom Hügel“, „die Leute des Friedens“ und „das stille Volk“.

Freilich gibt es eine Vielzahl von Stämmen und Clans in dieser Feenwelt, die alle offenbar ihre eigenen Könige und Königinnen haben, wie Oberon und Titania, sowie eine Unzahl von Elfen, Pucks, Wichteln, Trollen und Zwergen, die sich nicht immer eines ähnlich guten Ansehens erfreuen wie manche ihrer Artgenossen. Elfen werden oft als Wesen angesehen, deren Inneres mit allzu vielen Lausbübereien ausgefüllt ist, was sie dazu verleitet, mit den Menschen Schabernack zu treiben, Späße und Scherze, und sie an der Nase herumzuführen. Auch heute noch wird daher in manchen Gegenden ein launenhaftes, phantasiebegabtes und überaktives Kind als „Elf" bezeichnet.

Viel Wasser ist schon die Themse heruntergeronnen, seit Dr. W. Z. Evans Wentz für seinen Beweis, daß die Feen tatsächlich existieren, akademische Grade von Rennes und Oxford erhalten hat. Es muß aber auch wirklich eine einmalige und unvergeßliche Erfahrung sein, wenn man – wie dies die Mitglieder der „Fary Investigation Society" behaupten – unversehens folgendes zu Gesicht bekommt: einen kleinen Blumengeist mit einem Hut aus Blüten und einem Hemd aus Blättern; eine emsige Elfengruppe beim Holzsammeln und Hausaufräumen; oder ein winziges Feenkind in seiner Wiege aus einem Blatt.

Man darf wohl vermuten, daß die Kelten etwas großzügig waren, wenn sie von derlei Erlebnissen berichteten. Trotzdem möchte man Geoffrey Hodson um seine kostbare Erfahrung beneiden, die er in seinem Buch „Fairies at Work and at Play " (Elfen bei Arbeit und Spiel) beschreibt: Auf dem Teppich in seinem Schreibzimmer sah er ein ausdrucksvolles und lebhaftes Männchen auf und ab tanzen, bekleidet mit grünen Strümpfen, dunkelbraunem Rock und einer spitzen Mütze mit einer Quassel, und streng darauf bedacht, dem rhythmischen Schlag der Feenmusik zu folgen . . .

Begegnungen mit Feen

Die „Isle of Man Weekly Times“ vom 4. Januar 1936 berichtet von einem alten Bewohner der Insel, einem ehrenwerten und bescheidenen Mitbürger, der wohl der letzte wäre, mit seinen Erlebnissen anzugeben, der versichert hatte, auf einem Feld Feen nicht nur angetroffen zu haben, sondern daß diese ihm gewiß ein Leid zugefügt hätten, wenn er nicht vor Antritt seiner Reise ein Exemplar des Neuen Testaments in seiner Manteltasche verstaut hätte. Miss Mona Douglas, die Dichterin von der Isle of Man, berichtet im Jahre 1928, wie ihr ein alter Arbeiter davon erzählt habe, daß er auf einem Acker eine Elfe auf ihrem winzigen Pferd gesehen habe. Und im selben Jahrzehnt behaupteten Kinder, daß sie es mit eigenen Augen mitverfolgt hätten, wie Feen aus einem der Fenster von einigen verfallenen Häusern in der Nähe von Claghyn Baney (White Stones) geklettert wären.

Vor einiger Zeit berichtete ein gewisser Mr. Struan Robertson aus Stirlingshire im „John o' London's Weekly“ vom 28. März 1936 über vier Erlebnisse, in denen er Feen zu Gesicht bekam. Zum ersten Mal geschah es, als er sich allein auf einem Hügel in der Nähe von Aberfoyle befand, eben dort, wo Robert Kirk sein Buch „Commonwealth of Fairies“ geschrieben hatte. Die Elfin war sehr freundlich und versuchte ihn dazu zu überreden, ihr zu folgen, und sie zeigte ihm die wunderschönsten Ausblicke. In Arran dann sah er eines Nachmittags, wie zehn Feen in- und außerhalb von Hollunderbüschen und zwischen den dort grasenden Schafen herumtollten. Als er bei einer anderen Gelegenheit in ebendieser Gegend durch den Wald spazierte, vernahm er den silbernen Klang von Feenlachen, doch sobald die Feen ihn erblickten, schrien sie auf und stoben davon. In der Nähe einiger Rhododendrongebüsche schließlich, bei Loch Pannoch, konnte er einmal Feen beim Tanze überraschen.

Weissagungen

Einem Korrespondentenbericht in der Wochenzeitung „John o' London" vom 7. März 1936 zufolge, sah eine ältere walisische Frau eine Anzahl dieser winzigen Geschöpfe, wie sie sich in einer mondhellen Nacht auf walisisch mit einer Frau unterhielten. Sie sagten ihr, daß sie sich an der dort befindlichen Wiese nicht mehr allzu lange erfreuen werden können, weil diese von einem reichen Mann für den Bau eines Schuppens für seine pferdelose Kutsche (Auto!) aufgekauft werden würde. Damals war nirgends eine Rede davon, aber in weniger als zwölf Monaten traf das Vorhergesagte ein.

Vor etwa 30 Jahren gab Mr. J. M. Craigen aus Moneymore, Co. Derry, zu Protokoll, daß er etwa zwei Jahrzehnte früher einige Arbeiter aufgenommen hatte, um einen Kanal ausheben zu lassen. Einer der Arbeiter, der sie anführte, näherte sich einem auf der Seite des Weges begindlichen Dornbusch. Da sah er auf einmal ein kleines Männchen, nicht mehr als zwei Spannen hoch, mit einem spitzen Hütchen und rotem Rock, das aus der Hecke sprang und sich schleunigst wie ein Hase aus dem Staub machte. Der Mann rief seine Kollegen herbei, die nun sehen konnten, wie ihr Freund die Verfolgung der verdächtigen, rotberockten Figur aufnahm. Er war als guter Läufer bekannt, aber das Elfchen ließ ihn weit hinter sich zurück. Obwohl er und seine Freunde weiterrannten, verschwand der Rotberockte in der einbrechenden Dunkelheit bei der nächsten Kurve am Ende des Feldes auf Nimmerwiedersehen.

Diese Männer waren früher immer sehr skeptisch gegenüber übernatürlichen Phänomenen eingestellt, aber später beschworen sie alle einmütig immer wieder, daß sie tatsächlich einen Elf gesehen hatten.

Ein merkwürdiges Erlebnis

Ein gewisser Mr. John Kerr aus Paisley verbrachte den Sommer 1934 im Hills Hotel in Largs, Ayrshire. An einem heißen Nachmittag, um etwa vier Uhr, unternahm er mit einer Lady aus Kilmarnock, ebenfalls Hotelgast, in der näheren Umgebung eine Wanderung. Da lenkte sie seine Aufmerksamkeit auf einen großen blühenden Busch, der über zwölf Fuß hoch war. Aus der Entfernung konnten sie einige winzige Gebilde in den Blüten herumtollen sehen. Als sie näher kamen, entpuppten sich die Figuren als Elfen beim Spielen. Er war so erstaunt darob, daß er unvorsichtigerweise zum Busch hinging und die Zweige schüttelte, um zu sehen, ob die seltsamen Wesen noch da waren. Sie waren es zwar zunächst noch, aber alsbald verschwanden sie zwischen den Blüten und wurden nicht mehr gesehen.

Dieses Erlebnis wurde dem Hoteldirektor berichtet, der bestätigte, daß auch ein anderer Gast bereits Elfen in der Umgebung gesichtet hatte. Da er diesen Mann jedoch nicht ernst nahm, hatte er seiner Erzählung keine Bedeutung beigemessen. Mit Mr. Kerr wäre es jedoch etwas anderes, der gehöre nicht zu den Leichtgläubigen, so daß für ihn kein Zweifel über die Echtheit des Vorfalls bestand.

Dies war übrigens das erste Mal, daß Mr. Kerr ein derartiges Erlebnis hatte, und bis zu jenem Moment hätte er jeden ausgelacht, der behaupten wollte, Feen wären wahrhaftige Wesen!

Feensichtigkeit

Feensichtige, die wir persönlich kennenlernen konnten, besitzen offenbar eine stärkere Hinorientierung zu ihrem „inneren Monitor“, und es hat den Anschein, daß sie nur von den edelsten Motiven bewegt werden. Es herrscht kein Zweifel über ihre Ehrlichkeit beim Erleben.

Wenn es auch seltsam anmuten mag, daß manche Menschen Feen wahrnehmen können und andere nicht, so gibt es zur Erklärung dieses Umstandes zumindestens eine – ursprünglich von E. L. Gardner stammende – Theorie, die ich freilich nicht überprüfen kann. Ihr zufolge besitzt jeder Mensch ein „ätherisches" Auge – konkave Ringe um und hinter dem Augapfel. Dieses zusätzliche Auge stattet die physischen Augen mit einer Fähigkeit aus, die gewöhnlich nicht in Funktion tritt. „Wenn sie es aber tut, dann wird ätherisches Licht erzeugt, und eine weitere Dimension des Lichts, etwa eine Oktave, wird bewußt wahrgenommen, wenn auch fast unmerklich, und eine großartige Erweiterung des Sehfelds und der Sicht beginnt zu dämmern."

Unsichtbare Anwesenheit

Dr. W. Y. Evans Wentz, der Pionier der Feenforschung, veröffentlichte im Jahr 1913 einen erhellenden Artikel über den Feenglauben in der Tageszeitung „Daily News". Darin bestätigt er, daß er mit keltischen Landbewohnern alle möglichen Arten von Plätzen aufgesucht hatte, wo angeblich Feen hausen sollten. Dabei mußte er zugeben, daß er an diesen Orten ihre „unsichtbare Anwesenheit" um sich herum deutlich wahrnehmen konnte. Er erwähnte insbesondere die „Sidhe" („Schih" gesprochen), eine an heiligen und mystischen Zentren anzutreffende göttliche Rasse, vor allem im Westen Irlands, weiters die „Leprechauns" mit ihrer bekannten Vorliebe für Schabernack mit den Sterblichen, das schottische „Brownie" (Bräunchen), das ebenfalls vor allem auf Neckereien bedacht ist; weiters die „li'l folk" (kleinen Leute) auf der Isle of Man, die besonders beim Tanzen im Mondschein glücklich wie sonst nie sind;

die „Twlwyth Teg“ oder „Fair Folk“ (Feen) in Wales; und schließlich die „Pixies“ auf Cornwall, die – wie ihre Brüder und Schwestern in der Bretagne – vor allem daran Spaß finden, Reisende und Wanderer nach Einbruch der Dunkelheit in die Irre zu führen.

Feengeläute

Feenglocken, also Glockengeläute, das nicht von Menschenhand stammt, wurden vor nicht langer Zeit bei Sennen Cove, einem meerumspülten Dorf, ein paar Meilen von Land's End entfernt, vernommen. Sie klingen wie ein Wiegenlied des Meeres, und man erinnert sich unwillkürlich an das Lost Land (Verlorenes Land) von Lyonesse mit seinen 140 Kirchen, das – so sagt man – vor langer Zeit im Wasser versunken ist.

Es gibt Menschen, nicht nur in Irland, die in der Dämmerung unter den Hügeln Feenmusik ertönen hören. Leider wissen wir nicht, ob man auch heute noch auf Luchruban solche Musik hören kann, es wäre wichtig, wenn jemand, der diese Insel vor dem Butt of Lewis besucht hat, davon berichten würde, denn „Luchruban“ ist angeblich eine etymologische Abart der Bezeichnung „Luchrupain“, des Namens für „kleine Leute“ in Irland, und in der Tat soll diese Insel – so will es der Volksglauben – die Heimat einer uralten Zwergrasse gewesen sein. Und wenn wir manch einem Volkstumforscher wie Alisdair Alpin McGregor Glauben schenken, dann müssen wir wohl annehmen, daß diese Insel auf alten Karten „Ylen Dunibeg“ genannt wurde – „die Insel der kleinen Leute“. Jedenfalls soll man dort in den letzten vier Jahrhunderten kleine Knochen und winzige Schädel haufenweise gefunden haben.

Feenmusik

Die Melodien einer ganzen Reihe von Volksliedern aus den Western Islands, den Shetlandinseln und der Isle of Man sind ursprünglich wohl von Feen geschaffen worden, darunter insbesondere das „Lied der Feen" (Arrane-ny-Ferrishyn). Das Lied „Bollan Vane" auf der Isle of Man hat seinen Titel davon, daß der „Fiddler" (Geigenspieler), von dem es handelt, das Bollan-Kraut gepflückt hat, um sich vor Feen zu schützen. Angeblich hat dieses Lied der Musikant Juan Brew direkt von den Elfen bekommen. Der „Tappaghyn Jiargey" (Rote Zipfelmütze) und das „Arrane Ghelby" (Dalby Song) sind ebenfalls feeischen Ursprungs. Auch viele Geigenmelodien („fiddle springs") von den Shetlands wurden angeblich zuerst von Trollen („Trows") gespielt, von den dort ansässigen Vertretern der „kleinen Leute". Diese Trolle sollen die Nachfahren der ursprünglichen Pikten sein, die einst von den Eindringlingen aus dem Norden in die Wälder und Moore vertrieben worden sind.

Auch eine große Zahl der schönen alten irischen Melodien soll von Feen her stammen. Kein Ire, der seine sieben Sinne beisammen hält, würde daher im Traum daran denken, das Lied „The Pretty Girl Milking the Cow" (Die hübsche Kuhmelkerin) in der Nähe einer angeblichen Feenstätte zu summen. Denn die kleinen Wesen sind eifersüchtig und haben es offenbar nicht gern, ihre Lieder von ungelenken Menschenlippen gesungen zu hören.

Carolan, der letzte der großen irischen Barden, schlief – so berichtet die Legende – einmal auf einem Feenhügel ein. Seit damals erfüllten Feenweisen seinen Kopf und verschafften ihm Größe und Berühmtheit. Die Elfengeläute von Aberdovey aber erklingt 1, 2, 3, 4, 5, – 1, 2, 3, 4, 5,: Feen, die bekanntlich eine Art primitiver Wesen sind, können nur mit den Fingern einer Hand – bis fünf – zählen.

Elfentanz

Die Hauptbeschäftigung im Feenreich bestand im Feiern, Kämpfen und wundersamsten Musizieren. Die Elfen, wenn sie gut gelaunt sind, singen wie einst die heilige Cäcilia. Manches arme Mädchen, heißt es, hat sie singen gehört und ist dann vor Sehnsucht nach diesem schönen Gesang vergangen. Aber gewöhnlich sind die Feen auch der Kunst der Terpsichore zugetan, und ein alter Schriftsteller, der alles über diese Winzlinge zu wissen vermeint, erzählt uns davon: „Die Elfen tanzen gerne auf der Wiese, dort wo sie diese dunkelgrünen Kreise im Gras bilden, die wir ‚Elfdans' nennen. Wenn die Leute auf dem Land am Morgen die Spuren im taufrischen Grün auf der Wiese und in den Wäldern erblicken, sagen sie, daß dort nächtens die Elfen getanzt haben. Wenn jemand um Mitternacht ihre Kreise betritt, werden die Feen aber unsichtbar und entschwinden."

Mancher Besucher kennt natürlich diese sogenannten „Feenringe", zuweilen werden sie auch „Pilzringe" geheißen, da zu gewissen Jahreszeiten eine ganz besonders schmackhafte Pilzart auf ihnen gedeiht. Diese Kreise oder Ringe haben, wie man bemerkt, verschiedene Größen und Ausdehnung. Die kleinen sind meist geschlossen, während die größeren offen bleiben und halbkreisförmig oder bis zu gut zwei Drittel eines Kreises auswachsen. Es hat fast den Anschein, daß unsere Ahnen gerade dort ihre Pilze angepflanzt haben, um ihre Pflege und ihr Gedeihen den dort tätigen Feen anzuvertrauen. Wenn aber ein giftiger Schwamm dort wachsen sollte, dann wurde selbstverständlich der Teufel höchstpersönlich dafür verantwortlich gemacht.

Diese wunderlichen alten Geschichten sind natürlich faszinierend, aber wenn wir nach den wahren Ursachen der „Feenringe" nachspüren, dann stellt sich heraus, daß die Natur noch eine viel wundersamere Geschichte zu erzählen hat! Denn von ihr lernen wir, wie die Pilzteilchen sich loslösen und in der Luft kreisen, bis sie schließlich auf der Wiese niederschweben, dort reifen und zerbersten und – ernährt von vermodernden Pflanzen und Tieren – schließlich kreisförmige Pilzkolonien ergeben, die zuerst unter dem Gras ihre Fäden und Netze ausbreiten und das Gras saftig grün färben, bis sie sich dann zirkelförmig selbst ausbilden.

Elfenspuk

Es gibt eine ganze Reihe von Orten, die von den „kleinen Leuten" aufgesucht werden, und nicht wenige davon werden nach ihren winzigen Besuchern benannt, dazu gehören z. B. die Erhebungen in Irland, die einst als Feenhügel galten, wie Cnoc an Duin, Cnoc Meadha, Cnoc Firinne und Cnoc Samdu. Elfen kommen auch in einer Reihe von Ortsnamen wie Poulaphouca in Wicklow vor, was so viel wie „See des Phooka" heißt und eine Reihe von Wasserfällen bezeichnet, an deren Ende ein tiefes Gewässer liegt, wo der „Pooka" vor langer Zeit offenbar auf seine Opfer gelauert hat. Es ist dies eine Erinnerung an den legendären Wassergeist „Pooka", eine Art mystischer „Hobglobin", ein Geisterpferd.

Dieser Pooka erschien früher einmal des öfteren bei Nacht und lud den müden Wanderer ein, auf seinem Rücken zu reiten. Sofort ging es dann wie eine wilde Jagd über Hügel, Kliffs und Abgründe, durch dunkle Wälder und reißende Bäche, bis der erschrockene Reiter zu einem leblos erstarrten Körper geworden ist. Gott behüte also jeden Pilger, der Pookas Einladung angenommen hat!

Boheraphuca – „der Weg des Pooka" – liegt in der Nähe von Roscrea und muß einst wohl der Ort von vielen Pooka-Streichen gewesen sein.

In der Nähe von Towyn gibt es ein Feenfeld („Cae y Twlwyth Teg“), das zwischen Mathlon Bridge und Penybont liegt. Auf der Isle of Man wurde der Garwick Glen, mit seinen historischen Höhlen und Druidensteinen, im Jahre 1895 als die „traditionelle Heimat der Elfen“ angepriesen, während zur selben Zeit Groundle Glen zum „Feenland von Mona“ ausgerufen wurde. Erscheinungsorte der „kleinen Leute“ in der Bretagne sind u. a. die Felsabhänge zwischen Lamballe und Moctour sowie zwischen Gouray und Pengaily, die wahrscheinlich einst Zufluchtsstätten der prähistorischen Menschen waren und darob bis heute Anlaß zu mancherlei Spekulationen geben. Und schließlich ist ein Feenhügel („Fairy Glen“) bei Bettwy-y-Coed in Wales zu erwähnen.

Elfische Siedlungsgebiete

Sir Walter Scott vertrat die Ansicht, daß von allen Gegenden in Britannien vor allem die Isle of Man ein hervorragendes Archiv von elfischen Traditionen darstellt. Es kann daher nicht überraschen, wenn eine ganze Reihe von Ortsnamen in Ellan Vennin ganz deutliche sprachliche Assoziationen zu Feen aufzuweisen haben. So sei „Chibber Ferrish“ als Beispiel angeführt („Die Quelle der Elfen“), oder „Close ny Ferrish“ (die Elfenfalte), „Loghan y Ferrish“ (Feenteich) und der „Elfen-Obstgarten“ (Fairy Orchrard). Weiters der „Fairy Hill Mound“, der „Fairy Broo“, der „Fairy Hill“ (Feenhügel) sowie der „Fairy Glen“ (Elfenberg).

Die Twlwyth Teg“, wie die Elfen in Wales meist genannt wurden, bewohnten offenbar eine Siedlung im alten Cambria, am Fuß eines Berges in Breconshire. Menschen, die den Mut und die Neugier besaßen, den geheimen Eingang in diese Felsen zu betreten, fanden sich in einem großartigen Garten. Die Elfenbewohner boten ihren Besuchern Blumen und Früchte dar, erfreuten sie mit wundersamer Musik, sagten die Zukunft voraus und luden sie ein, so lange bei ihnen zu verweilen, wie sie wollten. In Merionetshire hingegen war das Schicksal derjenigen, die in die Feenwelt eindrangen, ein trauriges. Sie wurden für immer in den übernatürlichen Lebenskreis gebannt und konnten ihn nie mehr verlassen.

Liebende Feen

In der Nähe von Beddgelert on Drywyw y Coed Mountain hat der Überlieferung nach ein Ort existiert, der von den Elfen besonders gern aufgesucht wurde. Und hier geschah es einmal, so wird erzählt, daß ein Bauer eine aus ihrer Schar, mit Namen Penelope, sich zur Frau nahm. Zweifellos gibt es Feen, die tatsächlich dafür bekannt sind, sich in sterbliche Männer zu verlieben. Auf der Isle of Man kennt man z. B. die „Lhiannan-Shee", das „elbische Sweetheart", die sich einem Mann in Gestalt einer wunderschönen Frau zugesellt, aber allen anderen Menschen unsichtbar bleibt. Wenn er aber ihrem Werben nachgibt, dann richtet sie ihn seelisch und körperlich zugrunde.

Solche Geschichten über Lhiannan-Shee scheinen sich vor allem auf ein Gebiet unweit von Creigneish zu konzentrieren, und Dora Broom erzählt die Geschichte einer Elfe, die einen Mann am Ärmel packte, damit er sich ihr zuwenden sollte. Er aber wußte, daß er ihr dann für immer verfallen wäre. So verband er seine Augen mit seinem Taschentuch. Am nächsten Tag suchte er erneut den Hollunderbusch auf und sah dort ein Holzkästchen versteckt. Er nahm es mit sich nach Hause, und beim Öffnen entdeckte er, daß es voll von Goldstücken war, zusammen mit einer langen goldseidigen Haarlocke.

Auch die „Leanhaun-Shee" oder „elfische Geliebte" in Irland sehnt sich nach der Liebe und Zuwendung der Sterblichen. Wenn einer ihr widersteht, wird sie seine Sklavin; gibt er aber ihrem Werben nach, so ist er ihr verfallen und kann ihr nur entkommen, wenn ein anderer Mann seinen Platz einnimmt.

Obwohl die „Lhiannan-Shee" meist als Fee charakterisiert wird, gibt es auch gute Gründe dafür, sie für ein Wesen aus dem Totenreich zu halten. Es scheint, daß die „Leanhaun-Shee" in Irland von der Lebenskraft des Mannes lebt, und daraus erklärt sich, warum ihre Geliebten so rasch dahinwelken. Aber auch der Eintritt des Todes bringt kein Entrinnen von ihr.

Die „Lhiannan-Shee" ist schließlich auch die Muse der keltisch-gälischen Sänger und Dichter, die sie inspiriert und mit ihrer Liebe verfolgt. Die keltischen Barden sterben daher meist alle in jungen Jahren, da ihre Muse es nicht zuläßt, daß sie allzu lange auf Erden verweilen.

Elfen und Meerjungfrauen

Auf der Isle of Man gibt es mehrere Geschichten von Feen und Meerjungfrauen, die sich in Sterbliche verliebt haben. Die wohl faszinierendste davon hat sich in einer Höhle in Ufernähe des Meeres zugetragen, die heute noch als „Grotte des Meermädchens" bekannt ist. Einer Meerjungfrau gelang es, die Zuneigung eines jungen Fischers aus einem benachbarten Dorf zu gewinnen. Sie zog zu ihm, und sie lebten glücklich, bis die abergläubischen Befürchtungen der Nachbarn und Verwandten Zwietracht säten und der Mann anfing, sie schlecht zu behandeln. Als sie seine Herzenskälte nicht mehr länger ertragen konnte, verließ sie ihn und kehrte zurück in ihre Heimat am Grunde des Meeres. Von Reue erfaßt, machte sich ihr Mann alsbald auf die

Suche nach ihr und stürzte dabei von den Felsen in die Tiefe. Eine andere Version will wissen, daß die trauernde Meerfungfrau seinen blutüberströmten Körper in ihre Arme nahm und mit ihm im See versank. Nicht überliefert ist, ob sie seinen geschundenen Körper wieder zum Leben erwecken konnte, oder ob ihr einziger Trost darin bestand, ihn in ihrem ureigenen Element bestatten zu können. Manchmal – auch noch heute – kann man ihre klagende Stimme im gurgelnden Wasser aus der Tiefe der Grotte vernehmen.

Aber auch männliche Wesen aus der Feenwelt können sich in weibliche Sterbliche verlieben. Ein Elfenjüngling fand einst Gefallen an einem Mädchen in einem Garten unweit von Glen Auldyn auf der Isle of Man. Er war sogar bereit, seine Heimat aufzugeben und zu ihr zu ziehen. Als am Elfenhof gerade die Riten und Zeremonien des Herbstes gefeiert wurden, absentierte er sich von den Feierlichkeiten, um bei seiner Braut sein zu können. Darüber waren seine Artgenossen so erbost, daß der Elfenkönig ihn für immer verbannte und dazu verurteilte, fortan als Satyr in den Bergen allein zu leben.

Hebammen aus dem Feenland

Bretonische Elfen leben ein Leben, das in vieler Hinsicht von dem der Menschen nicht sehr verschieden zu sein scheint, vielleicht nur etwas morbider und phantsievoller. Sie werden geboren, sie sterben, ja, sie können unter gewissen Umständen sogar Selbstmord begehen; sie heiraten und haben große Familien. Sie bebauen die Äcker, errichten Häuser, backen, waschen und spinnen; ihre Beziehungen zu den menschlichen Nachbarn sind manchmal besonders eng: sie können von sterblichen Frauen geboren werden, sie können sterbliche Männer heiraten. Ja, es wurde sogar schon behauptet, daß einige Feen zum Christentum bekehrt werden konnten!

Diese Elfen zeigen ein besonderes Interesse daran, den Menschenfrauen bei der Entbindung beizustehen. Sie haben in ihren Lagern eigene Hebammen, die sie bei Bedarf in die Häuser der Menschen schicken, damit sie bei der Geburt helfen. Wenn eine menschliche Hebamme mit der Hand, die beim Geburtsvorgang notwendigen Handgriffe durchgeführt hat, über ihre Augen streicht, dann erhält sie angeblich die Gabe, fortan Elfen sehen zu können.

Wie also W. Branch Johnson in seinen „Volkssagen aus der Bretagne" zu Recht schreibt, fallen uns an diesen Wesen mehr die erdgebundenen Ähnlichkeiten zu uns auf als die wenigen bestehenden Unterschiede.

Unter den irischen Feen gibt es, im Gegensatz zu den emsigen Artgenossen aus der Bretagne, anscheinend nur eine einzige fleißige Person. Es ist dies seltsamerweise und ausgerechnet der Schuhmacher! Die Erklärung dafür mag darin liegen, daß die Elfen vor lauter Tanzen ihre Schuhe so schnell verbrauchen. In der Nähe des Dorfes Ballisodare jedenfalls lebt eine kleinwüchsige Frau, die sieben Jahre lang bei den Elfen verbracht haben will. Als sie zurückkehrte, hatte sie – nachweisbar – keine Zehen mehr an ihren Füßen; sie hatte sich diese buchstäblich weggetanzt!

In einem Gedicht von William Allingham wird das Aussehen eines Feenschusters wie folgt beschrieben: „Er ist eineinhalb Spannen hoch, ein winzig-bärtiger Elf, mit Brillen auf seiner spitzen Nase, silbernen Knöpfen auf seinen Strümpfen, mit Lederschurz und einem Schuh auf seinem Schoß."

Jeder Sterbliche, der einen solchen Schuhmacher aus dem Feenreich mit eigenen Augen zu Gesicht bekommt und ihn länger unverwandt anblickt, wird von ihm den Ort erfahren, wo er eine unerschöpfliche Geldbörse finden kann.

Feengeschenke

Der „Leprechaun" (Gnom) ist zugegebenermaßen ein etwas lebhaftes Bürschchen, und den Sterblichen gelingt es nur selten, ihn an Witz zu übertreffen. Wie wir selbst erfahren konnten, ist es für einen Hotelkellner aus Killarney durchaus nichts Ungewöhnliches, sich einem Besucher zu nähern und zu fragen: „Haben Sie das Klopfen in der Nacht gehört?" – „Nein, welches Klopfen denn?" – „Die kleinen Leprechauns, Herr. Es gibt nämlich mehrere davon im Gras dort beim See. Sie flicken ihre Schuhe in der tiefsten Nacht." – „Ja, ja, ist ja schon gut", könnte man darauf vielleicht antworten. – „Aber Sie verstehen mich wohl nicht ganz, Herr. Sie sollten wirklich hingehen und einen einfangen. Halten Sie ihn fest in der Hand. Er wird natürlich alles unternehmen, um wieder loszukommen, aber lassen Sie ihn ja nicht aus den Augen, und am Ende wird er Ihnen einen Beutel voll Gold geben!"

In mehreren keltischen Gegenden kennt man ähnliche Legenden von Geschenken und Schätzen der Feengesellschaften. Rund um das Hafenbecken von Afon Pwll Sachan bei Camaes Bay in Anglesey z. B. erzählt die Überlieferung, daß die Bewohner früher einmal für die „kleinen Leute" Säcke herbeischleppten, die voll von praktischen Alltagsgegenständen waren. Wenn sie dann am Morgen zurückkamen, um die Säcke abzuholen, waren diese gefüllt mit Geschenken aus der Feenwelt.

Feengeld

Viele Berichte in keltischen Landstrichen beziehen sich auf das Feengeld. Professor Rhys z. B. erzählt, daß er in einem Sommer Bekanntschaft mit einem Herrn namens Mr. Morris Evans machte, einem Bergbauagenten aus Gwydyr

Estate im Tal von Conway. Dieser erklärte ihm, daß seine Großmutter, die aus Angelsey stammte, immer erzählt hatte, wie sie mit anderen Gleichaltrigen in ihrer Jugend des Nachts im Mondlicht gerne zu einer Stelle unweit von Llyn y Bwch hinauszuwandern pflegte. Meist mußten sie nicht lange warten, bis sie wunderbare Musik vernehmen konnten und ein herrliches Schloß auf dem Boden stehen sahen. Dann erschienen immer die kleinen Leute des Elfenlandes und begannen zu tanzen und zu springen. Am nächsten Morgen war der Palast verschwunden, aber die Großmutter las immer etwas Feengeld vom Boden auf – und so geschah es regelmäßig, solange sie niemandem sonst davon erzählte.

In Flintshire und gewissen Teilen in West-Wales glaubte man früher, daß die Feen Märkte und Kirchweihfeste aufsuchten. Ihre Anwesenheit soll den Geschäftsbetrieb jedenfalls immer sehr belebt haben. Auf so einem Markt in Carmathenshire pflegten sie ihre Einkäufe ohne jegliches Feilschen zu tätigen, und immer legten sie die genau abgezählte Kaufsumme auf den Tisch, bevor sie sich entfernten.

Obwohl sie unsichtbar waren, wird den Elfen von Pembrokeshire nachgesagt, daß sie regelmäßig Jahrmärkte besuchten. Ihre Anwesenheit wurde deutlich verspürt und führte immer zu einer merklichen Anhebung der Preise. Sie hatten genug Geld bei sich und erwarteten anscheinend niemals Wechselgeld.

Die emsigen „kleinen Leute"

Viele Märchen in keltischen Landen handeln von den niederen Diensten, die von den Elfen für Menschen verrichtet werden. Im ersten Band der Publikation „Britisches Kalender-Brauchtum" über Schottland, gesammelt von Mrs. M. Macleod Banks, kann man z. B. von einem Brunnen in

Pertshire lesen, wo die Feen oder Wassergeister die Wolle der Einheimischen in jeder gewünschten Farbe zu färben pflegten. Dies geschah so lange, bis eines unglückseligen Tages ein Besucher von einem rivalisierenden Nachbardorf von ihnen verlangte, schwarze Wolle weiß einzufärben. Daraufhin warfen die erzürnten Kobolde alle ihre Farbe in den Brunnen und verschwanden für immer. Und dies dürfte auch der Grund dafür sein, warum das Wasser in diesem Brunnen auch heute noch so schillert, als ob alle Farben darin zusammengemischt wären.

Dutzende Geschichten in Wales berichten von den Untertanen der Elfenkönigin Mab, die in den Häusern der Sterblichen erschien, um ihre Kleider zu waschen. Mari Sion aus Llanddensant erlebte einmal, daß ein winziges Pärchen eines Nachts an ihre Tür klopfte und darum bat, ihnen eine Schüssel mit Wasser und ein Kohlenfeuer zur Verfügung zu stellen. Sie wollten nämlich, nachdem Mari Sion sich zur Ruhe begeben hatte, ihr Feenkind waschen und baden. Mari Sion willigte ein und hörte, sobald sie sich zurückgezogen hatte, tatsächlich die kleinen Leutchen bei der Arbeit. Am darauffolgenden Morgen fand sie die Schüssel umgedreht vor ihrer Haustür und darunter vier Geldstücke.

Brunnen- und Wassergeister

Auch auf der Isle of Man weiß man von gutwilligen Wassergeistern zu berichten. „Als meine Mutter noch in Foxdale lebte“, erzählte eine ehrenwerte Frau in den letzten Jahren des vergangenen Jahrhunderts, „pflegten die Frauen am Abend immer vor ihren Häusern zu spinnen, und wenn es dunkel wurde, kamen die Feen und sagten ihnen, daß es nun Zeit wäre, zu Bett zu gehen. Wenn sich die Frauen dann zur Ruhe begeben hatten, in ihre Häuser zurückgekehrt waren und auf die Feen hinunterblickten, sahen sie, wie diese sich vergnügten. Wenn sie sich aber bemerkbar machten und etwa gar sagten, ‚wir sehen euch zu', dann waren sie sofort verschwunden."

Dieselbe Frau legte sich eines Tages zu Bett und hatte es offenbar verabsäumt, vorher noch beim Brunnen Wasser zu schöpfen. Alsbald befiel sie ein schrecklicher Durst, und so machte sie sich auf den Weg zur Quelle. Diese aber war umgeben von lauter Elfen, die ihr nicht ohne Vorwurf in der Stimme zuriefen: „Du hättest das Wasser doch rechtzeitig holen sollen, du wußtest doch, daß wir heute nacht sehr durstig werden würden!" – Als sie in ihr Haus zurückgekehrt war, verspürte sie keinen Durst mehr und konnte sofort tief schlafen.

Bei Llyn Corwrion in Carnavonshire, so wird erzählt, wurden Feen einst dabei beobachtet, wie sie Heu machten und mit ihrem Vieh in der Nähe eines Sees arbeiteten. Und einem Mann, der früher einmal besonders begabt war oder herausragende Talente und Fähigkeiten besaß, wurde nachgesagt, daß er Umgang mit Feen habe. In einer Chronik aus dem Jahre 1894 ist überliefert, daß ein besonders erfahrener Seemann gewiß mit Feen in Verbindung gestanden haben muß, weil er die Gezeiten und Strömungen immer genauestens zu berechnen verstand. Jedermann hätte sich zu jeder Zeit ohne Zögern diesem Mann und seinem kleinen Boot im heftigsten Wetter und bei höchstem Seegang anvertraut, weil jedermann wußte, daß er alle großen Boote weit hinter sich lassen würde.

Kindesentführungen

Reverend Elias Owen weiß in seiner „Walisischen Folklore" eine seltsame Geschichte zu erzählen, die er von der Frau des Pfarrers von Cura Vicarage in der Nähe von Rhyl erfahren haben will. Demnach sei einer der Bewohner der Pfarre in seiner Kindheit von einer Fee überredet worden, ihr in ihr Land zu folgen. Überall wurde nach ihm Ausschau gehalten, doch vergeblich, er blieb unauffindbar. Seine Eltern kamen schließlich zu dem traurigen Schluß, daß ihr Sohn wohl getötet oder entführt worden sei. Und bald hatten ihn seine Landsleute zur Gänze vergessen.

Eines Tages jedoch kam er unvermutet zurück, in der Hand den Gegenstand, den zu holen er damals von seinen Eltern ausgeschickt worden war. Seit jenem Tag waren jedoch viele Jahre vergangen, und sein Haar war grau geworden; er jedoch war sich dessen nicht bewußt. Vielmehr gab er an, daß er ja nur für ein kurzes Weilchen der lieblichen Musik der Elfen gefolgt wäre. Die vielen Veränderungen, die inzwischen um sich gegriffen hatten, verwirrten ihn so sehr, daß er in sein Elfenleben zurückkehren wollte. Leider aber konnte er den Platz nicht mehr finden, wo er seine Fee einst getroffen hatte.

In Merionetshire gibt es unzählige Geschichten von Kindern, die von Feen entführt worden sind, man kennt aber auch solche, in denen von Kindesvertauschungen die Rede ist.

Böse Einflüsse

Lady Wilde beruft sich auf die traditionelle Unterscheidung, wonach es zwei Arten von Feen gibt: die freundlichen, glücklichen und sanften sowie die bösen, die jedes Jahr ein Leben dem Teufel zum Opfer bringen und dazu Sterbliche rauben. Bösartige kleine Geister, „Pishogney" genannt, existieren freilich auch auf der irischen Insel und machen ihren unheilvollen Einfluß spürbar. Dann z. B., wenn am Morgen des 1. Mai in aller Herrgottsfrüh ein Fremder sich an den Dorfbrunnen heranschleicht, um daraus Wasser zu schöpfen. Dieses merkwürdige Phänomen war sogar Gegenstand einer Gerichtsverhandlung vor dem Tipperary City Court im Juni 1930.

Bridget Egam, eine Bauersfrau, verlangte Wiedergutmachung von einem gewissen Mr. Daniel Dewitt, dem Besitzer einer Autowerkstatt. Mrs. Egan behauptete, daß sie gemeinsam mit einer Bekannten vor Sonnenaufgang einen Brunnen in Cashel aufsuchte, wie dies am 1. Mai schon vor 50 Jahren ihr Großvater gemacht hatte, der an einer Krankheit litt und drei Jahre hintereinander die Quelle aufgesucht hatte. Auch ihre Bekannte war nämlich erkrankt und erhoffte sich durch das Wasser wundersame Heilung. Beide wanderten also wie vorgeschrieben um den Brunnen herum und beteten dabei den Rosenkranz. Sie tranken vom Wasser und waren gerade dabei, ihre Gebete wieder aufzunehmen, als Mr. Devitt plötzlich auftauchte, den Rosenkranz aus der Hand und entzweiriß, sie beide mit Wasser bespritzte und ausrief: „Nun ist der Bann gebrochen!"

Vorboten des Unheils

Die „Banshee" ist ein elfenartiger Begleiter, der den alten irischen Familien folgt und sonst niemandem, und der bevorstehende Todesfälle in der Familie ankündigt. Viele haben einen „Banshee" schon gesehen, wie sie trauert und ihre Hände klagend zusammenschlägt. Wenn mehr als eine Banshee sich zum gemeinsamen Trauern zusammenfinden und im Chor singen, dann gilt der Tod einer heiligen oder hochgestellten Persönlichkeit. Ihr Erscheinen geht zurück auf die altehrwürdigsten gälisch-keltischen Traditionen. Nach Lady Wilde nimmt die Banshee „die Gestalt einer süß singenden Jungfrau aus der Familie an, die früh verstorben ist, und sie übernimmt von den unsichtbaren

Mächten die Mission eines Ankünders von kommendem Unheil über die Sterblichen. Nachts kann man sie aber zuweilen in Gestalt einer alten Frau sehen, unter den Bäumen geduckt und mit verschleiertem Gesicht wehklagend, oder aber man erblickt sie, wie sie im Mondlicht bitterlich weinend an einem vorbeifliegt."

In Irland sind die Banshees fast so etwas wie eine nationale Institution. Man nimmt gemeinhin an, daß sie direkt von den alten Göttinnen abstammen, vielleicht die Urahnen der großen irischen Familien sind. Eine Feenart, die mit den Banshees verwandt ist, nennt man „bean nighe" oder „Wäscherinnen im Fluß". Diese tritt vor allem vor einer Schlacht in Erscheinung, man sieht sie im Fluß die blutgefleckten Kleidungsstücke derer waschen, die im Kampf fallen werden.

Die „Banshee"

Auf der Isle of Man, auch Manxland genannt, heißt es, daß die Banshees manchmal schon Wochen vor einem Trauerfall diesen schreiend ankündigten. Sie erscheinen jedoch nur in ganz bestimmten Familien.

Wie stark verbreitet der Glaube an die Banshee bis vor kurzem in der Landbevölkerung noch war, geht aus einem Bericht aus einer Tageszeitung aus dem Jahr 1894 hervor. Eine etwas exzentrische Lady hatte sich in ein Landhaus bei Port St. Mary zurückgezogen. Sie war schriftstellerisch tätig und ging manchmal mitten in der Nacht zum Postamt. In den frühen Morgenstunden eines Wintertages war es, als ein etwas nervöser junger Mann in das Dorf mußte, um einen Fischer zu wecken, als er die tief vermummte Person lautlos durch die Straßen gehen sah. Zitternd drückte er sich der Wand an der gegenüberliegenden Straßenseite entlang. Sobald er an der geheimnisvollen Gestalt vorbei war, lief er los, als ob der Leibhaftige hinter ihm her wäre. Der von ihm aufgeweckte Fischer sah von seinem Fenster auf einen totenbleichen Jüngling hinab. „Ich habe eine Banshee gesehen", stammelte er und machte sich aus dem Staub.

Merkwürdige Überzeugungen

Plötzlich eintretende Krankheiten und Infektionen in Irland, für die man keine Erklärung finden konnte, wurden einst dem Wirken der Feen zugeschrieben. Und es gibt eine ganze Menge von Erkrankungen, die im Volksmund etymologisch deutlich auf die angeblich übernatürlichen Verursacher hinweisen. So kennt man etwa den Elfenschlag, den Feenanfall, den Hexenschuß usw. Jahrhundertelang waren die Iren davon überzeugt, daß Feen über einen Menschen die Macht erlangen, sobald es ihnen gelingt, seinen Namen zu erfahren. Dieser Glauben hat sich in gewisser Hinsicht bis heute erhalten, denn es gilt in manchen Gegenden als verpönt, jemanden bei Nacht, wenn die „kleinen Leute" mithören können, laut beim Namen zu rufen.

Unvermutet einsetzende oder ungewöhnlich heftige Windböen – besonders die sommerlichen Wirbelwinde – hat man früher in keltischen Landstrichen ebenfalls mit den Feen in Verbindung gebracht. In einer Zeitung von der Isle of Man aus dem Jahr 1898 erfahren wir, wie es damals auf einem entlegenen Bauernhof vielleicht zugegangen sein mag: Wind, Regen und Schnee spielten an jenem Abend geradezu verrückt. Die alte Küche schien eine verwunschene und unheimliche Stätte geworden zu sein, das ganze Haus erzitterte heftig, und der Hausrat klapperte und schepperte auf den Tellerborden und in den Schubladen. Der Wind blies durch das Schlüsselloch.

Die Familie ist gerade vor dem Torffeuer versammelt und spinnt das Garn, als plötzlich eine starke Sturmböe sie aus der Ruhe schreckt. Draußen vor dem Haus fällt wohl gerade etwas krachend zu Boden, und der Wind zerrt an den Fensterläden. Einer der Alten aus der Familie erhebt seine Stimme: „Wir sollten uns besser wohl zurückziehen und die Stube verlassen, damit sie frei ist für die kleinen Kerlchen, denn nun sind sie da und begehren Einlaß. Aber zunächst laßt uns noch ein kräftiges Feuer für sie entfachen in so einer kalten und stürmischen Nacht."

Wenige Worte wurden nur noch gewechselt, und die Bewohner gingen zu Bett und machten den nächtlichen Besuchern aus dem Elfenland Platz.

Eine andere Zeitung von der Insel, diesmal vom 28. Mai 1898, berichtet, daß die einheimischen Bauern, bevor sie sich zur Ruhe legten, immer eine Schüssel mit Haferbrei auf dem Tisch zurückließen. Die kleinen Leute konnten nämlich recht ungeduldig werden, wenn man für sie nicht geziemend vorsorgte. Dieser Brei, „Cowry" genannt, wurde aus Hafermehl und Haferkörnern zubereitet, die man 24 Stunden lang im Wasser weichen ließ und die dann aufgekocht wurden, unter Zugabe von etwas Milch und Salz, und ein sehr schmackhaftes Abendessen ergaben. Man achtete auch immer darauf, daß genügend Geschirr vorrätig war und ausreichend Wasser im Krug bereitstand. Die kleinen Elfen waren aber gemeinhin mit diesen wenigen Dingen leicht zufriedenzustellen. Nachdem sie sich gütlich getan hatten, ließen sie am nächsten Morgen gewöhnlich alles so, wie sie es zuvor angetroffen hatten.

Schutzmaßnahmen

Auch in Irland war man allgemein davon überzeugt, daß die Elfen eher unkomplizierte Wesen und leicht zufrieden-

zustellen waren. Aus Dankbarkeit würden sie alles tun, um Unheil von ihrem gastlichen Haus fernzuhalten, wenn man nur dafür Sorge trug, daß jeden Abend etwas Milch auf dem Fensterbrett für sie bereitstand. Schutz vor Nachstellungen böser Geister erhoffte man sich auch durch den Besitz eines Messers mit einem schwarzen Handgriff. Hafermehl und Haferkekse sollten ebenfalls vor bösem Einfluß gefeit machen. Es heißt, daß die Feen in Caernarvonshire gelbe Blumen sehr verabscheuten und daher niemals Plätze aufsuchten, wo diese Pflanzen gediehen. Wohl deshalb waren die Waliser der Ansicht, daß besonders die Anpflanzung von Hollunderbüschen eine sinnvolle und effektive Abwehrmaßnahme gegen unheilstiftende Mächte darstellt.

Im Gegensatz dazu sollen die Elfen in Wales aber geradezu in „Foxgloves" vernarrt sein, weshalb diese Blumen in Caernarvonshire auch „Elfenhandschuhe" heißen. Auch die Heckenrose wird als ein besonderes Gewächs angesehen. Der Dichter William Allingham hat allen jenen, die mutwillig oder aus schierem Übermut oder Trotz eine Heckenrose ausgraben, eine ernsthafte Warnung mitgeteilt: In ihrem eigenen Bett werden sie die schärfsten Dornen finden!

Glaubte die keltische Landbevölkerung an Wald- und Wiesengeister, so war unter den Bergleuten besonders der Glaube an Berggeister verbreitet. Sie wurden „Knockers" (Klopfer, Klopfgeister) genannt, und jedes Geräusch, das aus der Stille des Erdinnern hervordrang, wurde diesen emsigen und übernatürlichen Berggeistern zugeschrieben.

Elfenfeste

Die keltischen Feen kennen offenbar drei besonders wichtige Festtage im Jahr: 1. Mai, Mittsommernacht, 1. November.

Am 1. Mai sind die Elfen, ebenso wie an den beiden drauffolgenden Tagen, besonders aktiv und umtriebig. Keine fremde Hand soll an diesen Tagen eine Kuh melken, denn wenn die erste Kanne im Namen des Teufels gefüllt wird, dann gibt es das ganze Jahr über keinen Tropfen Milch, da sie den Elfen anheimfällt. Wenn am Maitag der Wind Blätter und Gräser durch die Luft wirbelt, glauben manche auch heute noch, daß dahinter die Elfen stecken, die diesen Tanz verursachen. Wird man daher einer solchen Szene ansichtig, so will es der ländliche Brauch, daß man den Hut zieht und den Elfen einen Gruß entbietet: „Gott schütze euch!"

Am Tag der Sommersonnenwende, wenn allerorten Feuer entzündet werden, gebärden sich die Feen angeblich am übermütigsten. In manchen Gegenden ist man noch heute davon überzeugt, daß sie dann hübsche Sterbliche aufsuchen, um diese zu entführen und zu ihren Bräuten beziehungsweise Bräutigamen zu machen, wenn man nicht gewisse unumgängliche Vorkehrungen getroffen hat.

In der Nacht zum 1. November aber sollen die Elfen am trübsinnigsten und übelgelauntesten sein, denn dieser Tag markierte nach alter keltischer Überlieferung den eigentlichen Winteranfang. Viele Plagen wurden dem unberechenbaren Zorn der Elfen zugeschrieben, und man fürchtete deren Ausbruch gerade in diesen Tagen. Niemand würde daher in diesen Nächten sein Haus verlassen, ohne eine riesige Stahlnadel unter seinem Mantelkragen zu verstecken. Stahl galt nämlich ebenfalls als ein potentes Abwehrmittel. Auch Salz und Hafermehl dienten als erprobte Hilfen, um sich vor bösen Einflüssen zu schützen, und sie wurden von unseren Vorfahren auf das Haar gestäubt, um vor den verführerischen Anstrengungen der Elfen gefeit zu sein.

Wunderliche Theorien

Alte Iren sehen in den Elfen „gefallene Engel“ und sind der Ansicht, daß es nur die Hoffnung auf ihre Erlösung am Letzten Tag ist, die sie auf die Dauer davon abhält, Mensch und Tier zu vernichten. Andere wiederum glauben, daß die Feen zu den ältesten Rassen auf der irischen Insel zählen. Sie seien so versiert im Umgang mit Zauberei und Magie gewesen, daß sie vom Tod der Sterblichen gefeit blieben, wenn auch auf Kosten eines Weiterlebens in dieser winzigen Gestalt. Wenn sie sich unter die Menschen mischen, dann gelingt es ihnen auch heute noch, ihre Überlegenheit auszuspielen.

Den Elfen werden mit Vorliebe auch humoristische Streiche und Späße zugeschrieben. Früher einmal jedoch fürchtete man sich mehr vor ihrem Zorn, und wenn an einem ruhigen Tag unvermittelt der „Feenwind“ zu verspüren war, dann wurden dadurch die Menschen in Angst und Schrecken versetzt. Es sind die Feen, so sagten sie, die diesen Wind verursachen, weil sie ihrer Gefangenschaft in ihren kleinen Burgen überdrüssig geworden sind und diese nicht länger ertragen können.

In „Cassell's Saturday Journal“ vom 18. September 1886 wird von einer Überlieferung berichtet, die damals in Anglesey wohl noch sehr verbreitet gewesen sein dürfte. Ihr zufolge geht der Ursprung der Elfengeschöpfe auf eine Episode zur Zeit Jesu Christi zurück. Damals lebte eine Frau, die nicht weniger als 20 Kinder hatte. Sie schämte sich aber ob ihrer großen Kinderschar, und als sie sah, daß der Herr auf ihre Hütte zuging, versteckte sie die Hälfte ihrer Kinder vor seinen Augen. Nachdem er wieder gegangen war, wollte sie nach den restlichen Kindern Ausschau halten, aber sie waren nirgends zu finden. Das sollte also die Strafe dafür sein, daß sie vor dem Himmel verbergen wollte, was er ihr geschenkt hatte. Und die Legende will, daß aus diesen von dieser Frau damals versteckten Kindern das Geschlecht der Elfen entstanden sein soll.

Bibliographische Notiz

In den fünfziger Jahren veröffentlichte der Rechtsanwalt und Keltenforscher Stanley Jackson Coleman in loser Folge eine Serie von Aufsätzen über verschiedene Aspekte des keltischen Brauchtums, wie es sich in den Kernländern des keltischen Bewußtseins – Irland, Schottland, Wales, Isle of Man, Cornwall, Bretagne – bis in die Gegenwart erhalten hat. Diese Aufsätze erschienen unter dem Titel „Analogies and Divergencies in Celtic Tradition" und wurden von der Folklore Academy in Douglas, Isle of Man, in hektographierter Form herausgegeben. Die erste Veröffentlichung in dieser Reihe – „Fairies and Their Lore" – ist dem Thema Feen und Elfen im keltischen Volksglauben gewidmet und stellt eine reichhaltige volkskundliche Fundgrube dar.

Der Übersetzer

III
Elben und Feen im 20. Jahrhundert

Drei Wünsche

Von einer schönen Toten habe ich einen Spiegel geerbt. Keinen gewöhnlichen Spiegel. Er ist alt, und noch älter sind die keltischen Goldmünzen in seinen Ecken. Ein blinder Spiegel, darum liebe ich ihn. Nur in blinden Spiegeln können wir sehen.

Ich liebe auch die kleine Alice. Sie ging hinter den Spiegel und kam im Totenreich an. In alten Märchen wird es manchmal das Reich der Feen genannt. Aber kein Mensch kennt das Reich jenseits des Menschen.

Eines Nachts stand ich wieder vor meinem Spiegel. Wie hinter Spinnweb' und Staub sah ich mein Gesicht. Dann sah ich es nicht mehr. Wo, dachte ich, bin ich? Wenn ich fort bin. Oder, vielleicht, wer?

Ich erschrak nicht, als ich sie erblickte. Sie? Als hätten Feen ein Geschlecht. Vielleicht haben sie zwei. Oder drei. Und noch viel mehr Gestalten. Diese hatte, im Moment, gar keine. Mich störte es nicht. „Du bist", sagte ich, „schön."

Sie lächelte. Oder lächelte ich? „Du mußt dich", sagte sie, „nicht entscheiden." Eine Stimme im Spiegel. So leise wie Blumen im Wind. Ich sah das lebendige Mondlicht. „Du machst dir kein Bild von mir?" fragte sie. Ich schüttelte den Kopf. „Wer sieht, braucht keine Bilder." – „Siehst du?" – „Ich glaube", sagte ich, „gerade fange ich an."

Ein Blitz, und der Spiegel zersprang. Ich trat ins Feenreich ein. Dies kann, dachte ich, nur ein Traum sein. Ich phantasiere! „Phantasie", sagte die Fee, „ist ein Wahrnehmungsorgan."

Was ich hinter dem Spiegel wahrnahm, war ich selbst. Doch ich selbst war eine andere. Und diese andere war mir, obgleich fremd, ganz vertraut. Ich werde sie auch weiterhin DIE FEE nennen. Wollte ich erzählen, was wirklich geschah, müßte ich hinter die Sprache gehen. Aber noch ist das Wort nicht zersprungen, und meine Rede ist nur ein Fischernetz, mit dem ich das Licht fangen will. Dies möge, wer mir zuhört, bedenken.

Schon als Kind habe ich gelernt, daß eine Fee Wünsche gewährt. Drei im Märchen. „Wähle!" forderte sie mich auf. Aber was sollte ich wählen? „Deine Welt", sagte sie. „Jede Welt ist aus Wünschen gemacht."

Aus Wünschen? Somit aus mir selbst. Und meinen Ängsten, den dunklen Schatten der Wünsche. Waren ich und die Welt, die mich mit Trauer und Entsetzen erfüllt, eins? „Vergiß nicht die Freude", mahnte die Fee. Aber wie gering war sie doch. Ein paar bunte Blumen in einer Wüste von Leid. Und weder Gott noch der Teufel wären verantwortlich dafür, sondern ich? Womöglich selbst Teufel und Gott?

„Wer sonst?" meinte sie. „Oder träumt, wenn du schläfst, ein anderer deinen Traum?" – „Ich bin", beteuerte ich, „wach!" – „Noch nicht", sagte die Fee.

Schwindel erfaßte mich, und die Welt begann sich zu drehen. Mir wurde ganz weiß vor den Augen. Wer oder was würde ich beim Aufwachen sein? Im Schlaf war ich, nach meinen Träumen zu schließen, die Hexe. Jeder Wunsch eine Verwünschung! Besser, ich hätte gar keine mehr. Wäre meine Welt dann nicht erlöst? Ich seufzte. „Mein erster Wunsch ist . . ." – „Nicht der erste!" fiel sie mir ins Wort. „Dein letzter Wunsch soll Wunschlosigkeit sein."

Natürlich, ich käme sonst nie über den ersten hinaus. „Gut, also der dritte. Wir machen die Reihenfolge verkehrt." Nach dem dritten Wunsch, überlegte ich, würde ich selbst samt meinen Träumen verschwinden, und diese Welt gab es nicht mehr. Lohnte es sich, sie vorher in Ordnung zu bringen?

„Ordnung", sagte die Fee, „ist der jeweilige Grad des

Verstehens. Es gibt unendlich viele. Je mehr du verstehst, um so besser wird deine Welt." – „Reißt, wenn ich verstehe, der Wolf nicht mehr das Schaf?" – „Wenn du verstehst", flüsterte sie, „sind Wolf und Schaf eins. Wie dein Kopf und dein Herz. Was du getrennt wahrnahmst, fließt wieder zusammen. Erkennt der Träumer den Traum, erkennt er sich selbst."

„Dann", erklärte ich fest, „ist Erkenntnis mein zweiter Wunsch!"

Die Fee schwieg, und doch hörte ich sie. Erkenntnis führt zu Wunschlosigkeit. Was aber führt zu Erkenntnis? Ich wußte es nicht. Plötzlich fühlte ich mich wie ein Baum ohne Wurzeln. Mein dritter Wunsch war seine Krone, und mein zweiter sein Stamm. Ein Todesbaum. Denn er würde, fände ich meinen ersten Wunsch nicht, verdorren. Schon erfüllten mich Durst und Verzweiflung. Da, wie ein Echo, miaute es irgendwo kläglich. Verwirrt schaute ich mich nach meiner Fee um und sah Kathi.

Die Katze kam zu mir hinter den Spiegel gehumpelt. Ein Hund hatte ihr rechtes Hinterpfötchen gebrochen, ein Kater ihre Kehle zerbissen und Krankheit ihr Wachstum beendet. Sie war winzig und schwach, und sie würde es bleiben. Aber eine rührende Freundlichkeit ging von ihr aus, ein durch nichts gerechtfertigtes Vertrauen und eine sehr schüchterne Zärtlichkeit. Ich setzte mich auf den Boden und nahm sie auf den Schoß. Sie war nicht einmal meine Katze, und weil sie krank war, beschmutzte sie mich. Dabei wimmerte sie in Erwartung von Schlägen. Ich küßte ihr schwarzes Näschen und streichelte sie. „Ich möchte dich immer liebhaben", murmelte ich in ihr Fell. „Ganz gleich, was du tust."

Erst, als ich mit Kathi im Arm durch den blinden Spiegel in die Küche ging, um sie mit Milch und ein bißchen Fleisch zu füttern, begriff ich, daß ich meinen ersten Wunsch getan hatte: Liebe!

Begriff auch, daß es zwischen Kathi, der Fee und mir selbst hinterm Spiegel keinen Unterschied gab. Ebensowenig wie zwischen der schönen Toten, von der ich ihn geerbt habe, und mir.

Gab es überhaupt einen Spiegel? Gab es eine Fee? Gibt es mich?

Plötzlich sehen Sie eine Fee . . .

Na und? Das ist völlig normal. Abnormal ist, daß wir keine sehen. Und wenn jemand behauptet, es gibt keine Feen, sage ich: Es gibt überhaupt nichts!

Nur den ganz leeren Raum, und in diesem leeren Raum lauter oszillierende Felder. Sogar die bleiben nicht, wo sie sind, sondern breiten sich immer weiter ins Nirgendwo aus. Nicht faßbar. Und wir, der stolze Homo sapiens, wer oder was sind wir?

Eigentlich nichts. Und dieses Nichts schwingt. Wer wundert sich da über Feen?

Es ist einfach so, daß wir uns Bilder vom Nichts machen. Die schwingenden Felder übersetzen sich gegenseitig in Träume, die sie Wahrnehmung nennen. Je feiner und anmutiger wir schwingen, um so anmutiger und feiner werden unsere Wahrnehmungen sein. Es ist also ein Zeichen von Plumpheit und fast eine Schande, keine Feen zu sehen.

Natürlich schauen sie in der Wirklichkeit, die es nicht gibt, kaum so wie im Märchenbuch aus. Obwohl, warum nicht? Übersetzen ist, wie wir schon wissen, eine Frage des Vokabulars. Je reicher das Vokabular, um so hübscher die Übersetzung. Es liegt nur an uns, die kleinen und großen pulsierenden Energiefelder entweder überhaupt nicht –

oder als geflügelte Mädchen, Silberwolken, funkelnde Schleier oder was immer zu bemerken.

Da wir keinen absoluten Maßstab haben, um Feen, Automobile oder uns selbst an ihm zu messen, stimmt ohnedies alles und nichts. Das mag irritierend sein, beschert uns aber eine unerschöpfliche Fülle von Möglichkeiten. Den Realisten unterscheidet vom Phantasten nur, daß er sich auf wenige beschränkt. Halten Sie alles für möglich, und Ihrer Wirklichkeit sind keine Grenzen gesetzt!

Ein Hindernis dabei ist leider die Angst. Wenn wir ihren Wurzeln nachgehen, so ist Angst immer die Angst vor Veränderung. Angst übt eine unerbittliche Zensur aus, ob es sich nun um die biologische Selbstzensur des Körpers handelt, die alles Fremde abstößt, oder um die Selbstzensur der Psyche, einer Ideologie, eines Programms. Angst garantiert unsere Identität. Treten wir in die Anderswelt ein, werden wir selbst zu anderen.

Wollen wir also Elben, Feen und Geister sehen, müssen wir der eigenen Verwandelbarkeit – und sie kann radikal sein! – zustimmen. Müssen und selbst entgrenzen. Das Ich ist eine Gewohnheit, die man ablegen kann. Elben sehen bedeutet, daß man sich der eigenen Elbheit wieder bewußt wird.

Wir können die Anderswelt in uns selbst als Duft wahrnehmen, als zärtliche oder drohende Anwesenheit, als Schatten, Licht, Nebel und Rauch. Und in jeder Gestalt! Gestalt ist nichts Festes. Das scheint uns nur so, weil unsere Augen nicht schneller sind als die Uhr. Gestalt ist etwas, das fließt. Ein Prozeß. Die Begegnung zweier gestaltloser Energien.

Es gibt viele Türen, gibt mehr als nur einen Spalt zwischen den Welten. Aber ein Geröll von Weltbildern hat sie verschüttet. Richtige Weltbilder, falsche Weltbilder? Eine sinnlose Frage. Es sind unsere eigenen Spiegelbilder, die wir für die Wirklichkeit halten.

Entdecken Sie die eigene Flüchtigkeit, die Flüchtigkeit aller Bilder! Hüten Sie sich vor festen Ansichten! Ansichten müssen flüssig sein. Die Welt, die Sie ansehen, ist es auch.

Die aus unendlich vielen Welten bestehende Welt.

Kardinal Newman

„Was ich von Engeln hielt, verdanke ich vermutlich insbesondere der Alexandrinischen Schule und der Frühkirche. Ich betrachtete sie nicht nur als die vom Schöpfer verwendeten Boten, sondern als die Leiter des Organismus der sichtbaren Welt. Ich hielt sie für die wirklichen Ursachen von Bewegung, Licht und Leben und von jenen Urprinzipien des stofflichen Universums, die, wenn sie sich in ihren Entwicklungen unseren Sinnen bieten, in uns den Begriff von Ursache und Wirkung und von dem, was Naturgesetz genannt wird, wachrufen. In meiner Predigt für den Michaelistag, die nicht später als 1834 geschrieben wurde, habe ich diese Doktrin ausgearbeitet. Ich sage von den Engeln: Jeder Lufthauch, jeder Sonnen- und Wärmestrahl, jede schöne Aussicht ist gleichsam der Saum ihrer Gewänder, das Wehen der Gewänder jener, deren Antlitze Gott sehen.

Wieder frage ich: Was würde ein Mensch denken, der, wenn er eine Blume, ein Kraut, einen Kieselstein oder einen Lichtstrahl beobachtet, den er für etwas hält, was in der Skala des Daseins so weit unter ihm steht, plötzlich entdeckte, daß er sich in der Gegenwart einer mächtigen Wesenheit befindet, die sich hinter den sichtbaren Dingen, die er beobachtete, verbarg und die, obwohl sie ihre weise Hand nicht zur Schau trug, diesen Dingen ihre Schönheit,

Grazie und Vollkommenheit als Werkzeuge Gottes verlieh, ja wenn er entdeckte, daß eben diese Dinge, die zu untersuchen er bestrebt war, Gewand und Schmuck dieser Wesenheit bilden."

Wunderbarer Kardinal Newman! Skeptisch, mystisch und liberal zugleich. Schon seit ich erfuhr, wie offen und mutig er sich zur Kommunikation mit seinem verstorbenen Sohn bekannte, liebe ich ihn. Der Papst allerdings, so fürchte ich, würde ihn hassen. In Rom wurde er als der gefährlichste Mann Englands verdächtigt.

Was ich aus seiner „Apologia" zitierte, bezieht sich zwar auf die Engel. Aber sind Engel römisch-katholisch? Ganz gewiß nicht! Engel und Elben sind älter, viel älter als Rom. Leuchtende Wesen beide . . .

Sherlock Holmes und die Elfen

Elsie und Frances waren zwei kleine Mädchen – Cousinen, zehn und dreizehn Jahre alt –, die im Sommer 1917 am Moorrand des englischen Dorfs Cottingsley mit den Elben spielten. Und eigentlich nur, weil Elsies Vater sie neckte und ihnen nicht glaubte, hielten sie das Fließende mit seiner Kamera fest.

Als könnte man Fließendes festhalten! Die Entttäuschung über diese Photographien, denen kein Geringerer als Sir Arthur Conan Doyle, Arzt, Kriminalschriftsteller und als solcher Schöpfer des Sherlock Holmes, einen Artikel und ein Buch, „Das Kommen der Elfen", widmete, war zuerst für mich groß.

Natürlich sind die kleinen Wesen auf den Bildern ganz

reizend. Aber warum schauen sie genauso aus, wie man sich Elfen und Gnomen vorstellt? Ihre Erscheinung müßte uns entzücken und erschrecken zugleich. Oder wenigstens zutiefst überraschen. Immerhin ist es ganz schön verrückt, an Elfen zu glauben. Und dann stellen sie sich als etwas beinahe Normales heraus!

Der Gnom trägt schwarze Hosen, ein rötliches Wams und eine spitze hellrote Mütze. Die Elfen mögen blau, rosa oder golden sein, mit nebelgrauen oder lavendelfarbenen Flügeln. Sie singen, tanzen und schweben. Das haben wir schon als Kinder gewußt, also kann es nicht stimmen.

Aber vielleicht stimmt es doch? Erinnern wir uns! Jede Beobachtung ist persönlich gefärbt, der Beobachter verändert das Beobachtete. Infolgedessen beschreiben viele Leute Elben als halbmenschlich von Gestalt, herrlich und umgeben von Mustern ätherischer, aber farbiger Energieströme. Andere sehen keinerlei menschliche Gestalt, beobachten aber Muster von feinen Energien, die sich bewegen und, aus- und einfließend, wunderbare Wirkungen erzeugen. Wiederum andere halten die Psyche des Beobachters für die alleinige Urheberin des Beobachteten.

Urheberin wohl kaum. Aber wie wäre es, wenn unsere Psyche eine mehr oder weniger talentierte Übersetzerin ist? Daß die Elfenphotographien der beiden Kinder aus Yorkshire unseren Märchenbuchbildern ähneln, hat seinen Grund im Dialekt ihrer Psyche. Alle Dialekte werden im kulturellen Milieu erlernt. Könnten Krokodile oder Kakadus photographieren und sei es nur uns –, wir würden uns ganz gewiß über unsere Konterfeis wundern.

Andererseits könnte die menschliche Gestalt ein fundamentaler Archetypus sein. Alle Wirbeltiere haben wie wir Nase, Augen, Mund und Glieder von ungefähr gleichem Muster. Warum nicht auch gewisse Arten von nichtphysischen Wesenheiten?

Ich selbst glaube den Kindern, deren bezaubernde Elfenlichtbilder übrigens nie als Fälschungen entlarvt werden konnten. Den beiden alten Damen, die sich viele Jahrzehnte später selbst des Betruges bezichtigten, glaube ich nicht. Sie hatten wohl Angst vor dem Herrn Pfarrer, und Angst vor dem Tod.

Wollen Sie einen Blick durch die Augen der Mädchen tun?

„Dienstag, 16. August, 10 Uhr abends auf der Wiese. Elsie sieht eine schöne Elfe ganz in der Nähe. Sie kniet im Gras, blickt in unsere Richtung, die Hände auf den Knien, uns anlächelnd. Sie hat ein sehr schönes Gesicht und konzentriert ihren Blick auf mich. Diese Gestalt nähert sich uns bis zu einer Entfernung von fünf Fuß und verschwindet dann.

Elsie sieht eine Art von Elf, der so schnell zu gehen scheint, daß sein Haar zurückgeblasen wird. Man spürt den Wind um ihn, er steht aber still, obwohl er eifrig dahinzueilen scheint.

Eine Elfe mit Flügeln und einer allgemeinen meerblauen und blaßrosa Färbung. Die Flügel sind mit Schwimmhäuten versehen und mit verschiedenen Farben gezeichnet, wie die eines Schmetterlings. Ein goldener Stern leuchtet im Haar.

Elsie sieht etwa ein Dutzend Elfen, die im halbmondförmigen Flug auf uns zukommen. Als sie sich uns nähern, äußert sie sich ekstatisch über die vollkommene Schönheit ihrer Gestalten; während sie dies sagt, werden sie häßlich, grinsen sie an und verschwinden."

Die Feen von Findhorn

Bestimmt haben Sie irgendwann von ihnen gelesen oder gehört, und wenn schon nicht von den Feen, dann wenigstens von ihren Gemüse-Wundern in den unfruchtbaren Sanddünen der schottischen Findhorn-Bucht.

Das Medium dieses in den sechziger Jahren gewachsenen Zaubergartens war die sensitive DOROTHY MACLEAN. Sie verstand die Sprache der Pfanzenseelen und erfüllte ihre Wünsche in Liebe. Dafür wurden sie und die ganze Findhorn-Gemeinschaft mit Kohlköpfen, die zwischen 30 und 40 Pfund wogen, belohnt. Nicht nur mit Kohlköpfen! Fassungslose Gärtner und Botaniker aus aller Welt kamen auf der Suche nach einer natürlichen Erklärung für diese übernatürliche Fülle. Sie fanden keine.

Der Garten wurde zum Mittelpunkt eines Versuchs, in dem drei Reiche zusammenwirkten. Das Reich der Devas, das Elementarreich und das der Menschen. Deva ist altindisch und heißt himmlisch, göttlich. Das Sanskrit-Wort bedeutet auch „Scheinendes“. Ich selbst kann keinen Unterschied zwischen den keltischen Sidhes, den Leuchtenden, und den Devas, wie Dorothy Maclean sie nennt, erkennen. Beides sind Lichtelben.

In diesem überzeugend geglückten Versuch kommunizierten Menschen bewußt mit persönlichen Geistern der Natur, überstrahlenden Wesen einer Pflanzenart oder Landschaft.

Dorothy Maclean hält die Devas für die Baumeister unserer Welt. Als Verkörperungen schöpferischer Intelligenz handhaben oder verwandeln sie das, was wir Energie nennen (vibrierende Wellen oder Teilchenmuster), in zunehmend dichtere Strukturen (einschließlich emotionaler und mentaler Bereiche) und schließlich in die sogenannte

Materie, gleichbedeutend mit Mustern im Raum. Sie haben tatsächlich das planetarische Leben geformt und sind als solche Herren der Involution und Evolution. In einer Art sind sie unsere Eltern . . .

Eine einzige strahlende Energie durchdringt alles und bringt jedes Leben hervor. Sie kann zu uns durch Pflanzen, Naturgeister oder durch Menschen, mit denen wir das Leben auf diesem Planeten teilen, sprechen – sie sind alle Abbildungen der tieferen Wirklichkeit hinter und in ihnen.

„Zuerst –", so erinnert sich Dorothy Maclean, „schienen die Devas ferne Wesen zu sein, doch durch die freudige Gemeinschaft wurden sie nahe Gefährten, bis sie mich am Ende wissen ließen, daß sie in uns sind wie das Himmelreich. – Durch meine eigenen Kontakte mit ihnen fand ich heraus, daß sie einer ganzen Hierarchie von Wesen angehören, die vom erdhaften Gnom bis zum höchsten Erzengel reicht, und daß sie eine zweite, geschwisterliche Entwicklungsreihe neben der Evolution des Menschen darstellen. Die Devas hüten das archetypische Muster oder den Bauplan aller Lebensformen um uns herum, und sie lenken die Energien, die zur materiellen Gestaltwerdung nötig sind. – Die Ebene der Hierarchie, zu der ich Kontakt bekam, war nicht etwa der Geist einer bestimmten Erbsenpflanze in unserem Garten, sondern vielmehr die erleuchtende Intelligenz oder der Seelenkern aller Erbsen der Welt. – Im wesentlichen sind die Devas Energie. Auch wir Menschen sind das, doch auf unsere ganz eigene Weise. Du bist einfach vom Leben umgeben. Du bist eine Lebenskraft, die sich in Gesellschaft anderer Lebenskräfte bewegt. Wenn du dies erkennst, öffnest du dich den anderen und kommst ihnen nahe. Immer mehr wirst du eins mit ihnen.

Die Devas selbst haben keine bestimmte Form. Doch bei ihren Versuchen, mit Menschen zu sprechen und zusammenzuarbeiten, haben sich einige Devas sichtbar gemacht. Sie nahmen eine Gestalt an, die der Mensch einsehen konnte. Diese Gestalten zeigen ihre Aufgaben. Zum Beispiel wird ein Zwerg normalerweise mit einer Spitzhacke dargestellt, ein Engel mit Flügeln. Die Devas sagen dazu: Wir arbeiten in den formlosen Welten und sind nicht an bestimmte Formen gebunden, wie ihr es seid. Wir reisen von einem Reich zum anderen, Flügel sind uns gegeben, um unsere Beweglichkeit anzudeuten. Wenn wir reisen, wandelt sich unsere Gestalt und nimmt die Eigenschaften der verschiedenen Reiche an.

Wir sind Energie, bis wir sie ausatmen an dem Ort, wo sie benötigt wird. Wir sind grenzenlos, körperlos und frei. – Obwohl wir im Jetzt leben und uns ständig bewegen, sind unsere Vergangenheit und Gegenwart bei uns. Wir sind den inneren Reichen nahe, wo alles lebt.

Für einen Deva besteht der Garten nicht aus einer Ansammlung von Formen und Farben, sondern eher aus Energieströmen. Was wir sehen, ist Licht in verschiedenen Formen.

Ihr seht in uns Wesen der Freude und des Lichtes, was wir auch sind, doch selten seht ihr die Menschen als Lichtwesen, die sie sind. Wenn ihr eure Bürden fallen laßt und Lichtwesen werdet wie wir, dann umschließt ihr alle Welten, auch die unsere, und seid eins mit uns.

Das Neue, das gelernt werden muß, ist das gemeinsame Bewußtsein."

So sprachen die Devas der Blumen, der Früchte, des Windes und des Regens zu Dorothy Maclean. „Wir sind wie ein Atemzug, wir kommen und gehen."

Aber wie empfing Dorothy Maclean die Devas und ihre Botschaften? Sie selbst meint, durch einen Prozeß der Einswerdung mit ihnen, durch Liebe. Die Devas traten in ihr Bewußtsein ein, und sie traten auch wieder aus. Die Begegnungen fanden in der raum- und zeitlosen Dimension, die wir Seele nennen, statt.

Ob Devas auch in uns eintreten? Und wie stellt man es an, daß sie mit uns sprechen? „Denk an die höheren leuchtenden Naturgeister", sagt Dorothy. „Stimme dich auf sie ein. Die Geister der Wolken, des Regens und der Gemüse. Das ist der erste Schritt."

„Das Leben", verraten die Devas, „besteht aus immerwährendem Wandel. Ihr Menschen hängt am Althergebrachten. Ihr erwartet, daß der andere immer gleich bleibt, anstatt zu erkennen, daß ihr Geschöpfe seid, die schon wieder anders als in der eben vergangenen Sekunde sind, und in euch unendliche Möglichkeiten habt, noch ganz anders zu sein."

Wenn ich sie recht verstanden habe, sind die neuen Systemwissenschaften inzwischen zu der gleichen Erkenntnis gelangt.

„All eure Körper", sagt der Herr der Elemente, „sind mit ihrer Umgebung eins." Aber das lehrt auch der große amerikanische Philosoph Gregory Bateson! Die Feen und die Professoren – ist es nicht schön, daß beide einer Meinung sind?

Die Lilien-Deva: „Ihr seid euch nur eines gewissen Teiles eurer selbst bewußt und entsprechend auch nur eines gewissen Teiles vom Leben um euch her." Sigmund Freud sprach von der Spitze des Eisbergs.

Nur ungern enthalte ich Ihnen die Botschaften der Erbsen-Deva, der Rhabarber-Deva, der Lavendel-Deva und aller anderen vor. Doch können Sie, in den Findhorn-Büchern, alle nachlesen. Nur, was der Landschafts-Engel sagt, sollen Sie gleich wissen, es verträgt keinen Aufschub:

„Der Mensch verändert auf drastische Weise das Gesicht der Erde und denkt, daß er nur wertlosen Stoff beim Einebnen des Bodens und der Vegetation bewege, oder (für ihn) wertvollen Stoff beim Fördern von Mineralien, Erdöl et cetera. Wenn er von allem als lebendigem Licht dächte, als vitaler Substanz, könnte er die Landschaft nicht so sorglos verändern. Denn verändern muß er; sein Denken ist schöpferisch. Aber die ganze Schöpfung ist Licht, obwohl sie durch das menschliche Denken verdunkelt ist. Also: Liebet das Licht und verändert euere Welt!"

Ich hätte auch gleich gewußt, wie. Denn wir haben den Fluch der Arbeit durch den Fluch der Maschinen ersetzt, und den zweiten halte ich für den schlimmeren. Also fort mit ihnen? Nein, leider. Da sind wir nicht einer Meinung, die Devas und ich.

„Blicke nicht auf die Maschinen herab", ermahnte der Landschafts-Engel. „Auf der materiellen Ebene mag dir die Maschine nur als Schrauben, Bolzen und andere unbewußte Metallteile vorkommen, aber das höhere Gegenstück ist mit uns eins, allwissend und allseitig dienend."

Es gibt sogar – wer hätte das gedacht? – Maschinen-Devas: „Wir möchten die Wahrheit betonen, daß alle Maschinen-Devas auf menschliche Liebe und Fürsorge reagieren. Metalle sind Teil des eigenen Lebens; behandelt sie als solchen und ihr werdet die Antwort erhalten. Bringt Freude in das Leben der Metalle und arbeitet auch mit uns zusammen!"

Ich habe mir das zu Herzen genommen, und ich hab' mich geschämt. Zu verdammen ist sehr viel leichter als zu verstehen. Schon aus Liebe zur Erde sollten wir uns vielleicht mit den Maschinen-Devas verbünden. Haben sie wie auch wir nicht unendlich viele Möglichkeiten, ganz anders zu sein?

Aber fangen wir mit dem Einfachsten an! Lassen wir in jedem Garten eine kleine Wildnis, in der die Naturgeister ungestört ihr Wesen treiben können. Und durchdringen wir Garten und Wildnis mit Liebe! Die Devas erwarten uns, verkünden das Verschwinden der Grenzen zwischen unseren zwei Welten:

„Die Initiative für diese Vereinigung muß von den Menschen ausgehen; wir sind immer da. Diejenigen unter euch, die uns wirklich erreichen, fühlen die Berührung von wunderbarer Schönheit und Wahrheit, ja sogar ein Empfinden von Nachhausekommen. Daher werdet ihr wissen, daß ihr in unsere Welt eingetreten seid, und werdet wiederkommen wollen. Ihr werdet eine Ausdehnung im Geiste erleben und dadurch neu belebt sein. Auch wir fühlen neue Lebenskräfte, denn zu lange schon dauerte die Trennung unserer Reiche, zum Nachteil beider."

Der Gelehrte und der Faun

ROC CROMBIE war ein stiller, freundlicher alter Privatgelehrter. Er lebte ganz allein mit seinen vielen Büchern in Edinburgh. 1966 kam er zum ersten Mal nach Findhorn. Kurze Zeit später traf er im Königlichen Botanischen Garten überraschend einen Faun und sagte: „Hallo!"

Aber nein, ich muß Ihnen diese Geschichte, die ich sehr liebe, genauer erzählen. Also der Gelehrte ging an einem schönen Nachmittag auf seinen Lieblingsplätzen spazieren und setzte sich schließlich unter einer hohen Buche auf eine Bank. Dabei lehnte er sich an den Baum und fühlte sich allmählich mit ihm eins.

Plötzlich sah er etwa zwanzig Meter entfernt eine Gestalt um einen anderen Baum tanzen. Eine schöne kleine Gestalt, etwa einen Meter groß. Staunend sah er, daß es ein Faun war, halb Mensch und halb Tier. Er hatte ein spitzes Kinn, Ohren und zwei kleine Hörner auf der Stirn. Seine zottigen Beine hatten gespaltene Hufe, und seine Haut war honigfarben. Der alte Herr traute seinen Augen nicht. Doch lassen wir ihn selbst weitererzählen:

„Das kleine Wesen tanzte herüber zu meinem Platz,

stand einen Augenblick da und sah mich an, dann setzte es sich mit gekreuzten Beinen mir gegenüber. Ich sah es an. Es war sehr wirklich. Ich beugte mich vor und sagte: ‚Hallo.‘

Verdutzt sprang er auf die Füße und starrte mich an. ‚Kannst du mich sehen?‘

‚Ja.‘

‚Das glaube ich nicht. Menschen können uns nicht sehen.‘

‚Oh doch. Einige von uns können es.‘

‚Wie sehe ich aus?‘

Ich beschrieb ihn so, wie ich ihn sah. Noch immer verwirrt aussehend, fing er an, kleine Kreise zu tanzen.

‚Was mache ich jetzt?‘

Ich sagte es ihm. Er hörte auf zu tanzen und sagte: ‚Du mußt mich also sehen.‘

Er tanzte herbei zu dem Platz neben mir, setzte sich und wandte sich mir zu. Er blickte auf und sagte: ‚Warum sind die Menschen so dumm?‘

Er erzählte mir, daß er in den Gärten lebte. Das ist eine Teilwahrheit, da er auch eine andere Seinsebene bewohnt. Seine Arbeit bestand darin, das Wachstum der Bäume zu fördern. Er sagte mir auch, daß viele Naturgeister das Interesse an der Menschheit verloren haben, denn man ließ sie fühlen, daß man an Naturgeister nicht glaubte und sie auch nicht haben wollte.

‚Einige von uns glauben an euch und wollen eure Hilfe. Ich zum Beispiel.‘

‚Ruf mich, wenn du wiederkommst, ich werde zu dir kommen.‘

Er sagte mir, daß er Kurmos hieße. Ich fragte ihn, ob er mich besuchen könnte.

‚Ja, wenn du mich einlädst.‘

‚Das tu ich. Ich würde mich freuen, wenn du zu mir kämst.‘

‚Du glaubst wirklich an uns?'
‚Ja, natürlich.'
‚Und du magst mich?'
‚Ja, ich habe die Naturgeister sehr gern.'
Das stimmte, obwohl er der erste war, den ich tatsächlich gesehen hatte.
‚Dann komme ich mit.'
Auf dem Heimweg durch die Straßen von Edinburgh belustigte mich der Gedanke an die Sensation, die es gegeben hätte, wäre der fröhliche kleine Faun für die Passanten so sichtbar gewesen wie für mich.
Wir betraten meine Wohnung. Ich habe eine ziemlich große Büchersammlung, und meine zwei Haupträume sind voller Bücherregale. Kurmos zeigte großes Interesse. Ich erklärte ihm, daß Bücher Tatsachen, Ideen, Überlegungen und Theorien enthielten, historische Ereignisse und erfundene Geschichten, niedergeschrieben und gedruckt, so daß andere Menschen es lesen konnten. Sein Kommentar lautete: ‚Warum? Alle Kenntnisse, die du haben willst, kannst du durch bloßes Wollen erlangen.'
Ich erklärte ihm, daß Menschen diese wunderbare Fähigkeit nicht hätten – zumindest noch nicht.
Wieder saßen wir eine Zeitlang schweigend und in harmonischer Zufriedenheit. Dann stand er auf; es war Zeit für ihn, zu den Gärten zurückzukehren. Die Zimmertür stand offen, und er ging hinaus in den Flur. Ich folgte ihm und öffnete die Tür zum Treppenhaus, vielleicht weil er so fest und wirklich aussah. Er ging an mir vorbei und lief mit leichten Schritten die Treppe hinunter. Als er die unterste Stufe erreicht hatte, verblaßte seine Gestalt."

Etwa einen Monat später, Ende April, war unser liebenswerter Gelehrter noch nach elf Uhr abends in Edinburgh unterwegs. Zwischen Princes Street und Nationalgalerie fand er sich in einer ungewöhnlichen Atmosphäre wieder:

„Noch niemals hatte ich solche Ruhe wahrgenommen. Es ist schwer zu beschreiben. Ich könnte sagen, es war wie ein Gang mit unbekleidetem Körper durch eine Substanz hindurch, die dichter als Luft, aber nicht so dicht wie Wasser war. Ich fühlte sie am Körper. Sie verursachte ein Wärmegefühl und ein Prickeln. Dazu kamen ein erhöhtes Bewußtsein und das gleiche Gefühl der Erwartung, das ich im Botanischen Garten vor der Begegnung mit Kurmos gehabt hatte.

Dann merkte ich, daß ich nicht alleine war. Eine Gestalt, größer als ich, lief neben mir her."

Diesmal war es Pan selbst – der Gott des ganzen Elementar-, Tier-, Pflanzen- und Mineralreiches –, dem Mister Crombie begegnete. Das Wort Pan bedeutet All, überall. Pan ist eine universelle Energie, eine kosmische Energie, stets gegenwärtig in der gesamten Natur. Er kann an vielen verschiedenen Orten zugleich als Person erscheinen.

Der ursprüngliche Zustand Pans und der Naturgeister scheint ein Lichtkörper zu sein, ein Energiewirbel in ständiger Bewegung. Das sieht aus wie feiner Nebel und erglüht in farbigem Licht. Energie von hoher Intelligenz.

Im September 1966 geschah es dann, unter einer riesigen Zeder in Attingham . . .

„Pan trat hinter mich, und dann ging er in mich hinein, so daß wir eins wurden, und ich sah die Umwelt mit seinen Augen. Gleichzeitig stand ein Teil von mir – der Faktensammler, der Beobachter – daneben. Die Erfahrung entsprach nicht der Besessenheit, sondern der Identifizierung. Es war eine Art Integration.

Von dem Augenblick an, als er in mich hineintrat, waren die Wälder belebt mit Myriaden von Wesen – Elementargeistern, Nymphen, Waldgeistern, Faunen, Elfen, Gnomen, Feen und so weiter. Es waren zu viele, als daß ich sie hätte einordnen können. Ihre Gestalt variierte von winzigen, kaum einen Zentimeter großen Geschöpfen – ein Schwarm von ihnen umkreiste gerade ein paar Pilze – bis zu schönen Elfenwesen von ungefähr einem Meter Größe. Einige umtanzten mich in einem Reigen; alle hießen mich willkommen und freuten sich. Ich hatte das Gefühl, außerhalb von Raum und Zeit zu sein. Alles geschah im Jetzt."

Pans Botschaft an uns, eine von vielen: „Sobald du an ein Wesen denkst, befindest du dich in Kommunikation mit ihm. Eine Antwort ist dir nahezu sicher. Ob du sie wahrnimmst oder nicht, hängt vom Grad deiner Empfänglichkeit zu dieser Zeit ab. Bemühe dich nicht zu sehr, es wird gerade dann geschehen, wenn du es nicht erwartest."

Warum ich Crombie glaube und Sie bitte, es auch zu tun? Nun, ganz einfach. Auch ich habe Pan gesehen, völlig unerwartet. Ich dachte nicht an ihn. Das vielleicht Sonderbarste daran war, daß ich ihn hinter meinem Rücken sah, als hätte mein Drachenhirn Augen. Um die Mittagsstunde saß er in unserem Garten, im braunen Anzug, korrekt gekleidet, unauffällig. Nur sein linker Fuß war nackt – ein rosiger Bockfuß!

Ich schwöre, so habe ich ihn mir nie vorgestellt! Auch nicht zwischen unseren Gemüsebeeten. Und obwohl ich mich natürlich gefreut habe, ich war nicht verzaubert. Ich war nur verblüfft.

Unsere Freundin Traudl hat ihn auch erlebt, und ich bat sie um ihre Geschichte. Eine wahre Geschichte. Hier ist sie . . .

Die Maske

Gertraude Portisch

Irgendwann habe ich diese Terrakottamaske eines Pan gekauft und sie mit vielen anderen mehr oder weniger nutzlosen Dingen in einer Truhe aufbewahrt. Nicht umsonst sind Schätze immer in Truhen aufbewahrt. Wie sich dann herausstellte, ist auch meine Truhe plötzlich zur Schatztruhe geworden, als ich sie wieder einmal für nützliche Zwecke heranziehen wollte. Heranziehen ist ganz genau das richtige Wort, denn sie stand eingeklemmt zwischen Koffern und Kisten, und nur der Tatsache, daß sie feste Griffe hatten, ist es zu verdanken, daß ich sie allein und ohne Hilfe heranziehen konnte. Ich war von ihrem Inhalt mehr als überrascht, warum hatte ich so gedankenlos alle diese wunderbaren Dinge so lange aus meinem täglichen Leben verbannt? Da waren längst vergessene Bücher, Lampenschirme, Zeichenblocks und Pinsel, Sonnenhüte und zuletzt auch die Maske des Pan. Ich nahm sie vorsichtig heraus – plötzlich schien sie so wichtig, so zerbrechlich, so wertvoll. Der Pan entwickelte in meiner Hand ein Eigenleben. Er war plötzlich keine Maske mehr – er war ein selbständiges Wesen.

Automatisch stand ich auf. Die Truhe hat später jemand anderer geschlossen. In der glühenden Hitze dieses Sommertags, in der die Luft zitterte und die Zikaden ihre Liebe in alle Welt posaunten, ging ich den Weg hinunter zum Bach. Gründe hatte ich keine. In der Mittagsglut, so sagt man, stehe sogar die Zeit still. Um mich war alles erstorben, bald auch verstummten die Zikaden. Der Hund, statt wie immer um mich herum zu springen, schlich hinter mir her. Ich ging nicht – man könnte sagen: ich wurde gegangen! Immer tiefer ins Tal wurden meine Schritte gelenkt. Ich fragte mich nicht: Warum? Wohin? Ich ging einfach. Über den Bach, durch ein leicht wogendes Meer von Schachtelhalmen, hinein in den Haselnußwald. Den steilen Weg hinauf. Dann plötzlich, dort wo einmal der Wasserfall war, bevor die Steine einer alten Mauer bei einem Wolkenbruch in den kleinen Teich donnerten und nur eine tiefe Wasserrinne hinterließen, konnte ich keinen Schritt mehr weitergehen. Es war wie in den bei mir im Fieber immer wiederkehrenden Alpträumen, wenn ich einem Unheil entkommen will und mich eine unsichtbare Kraft zurückhält. Ich versuche dann verzweifelt, mich vorwärts zu bewegen, bin aber wie festgenagelt. Bei solchen Alpträumen habe ich gelernt, mich selbst zu wecken. Aber jetzt war ich ja wach! Die Maske in meiner Hand schien sich selbständig machen zu wollen und glitt mir aus der Hand. Ich hob sie auf. Pan, dachte ich, Pan ist hier. Pan hat mich hierher geführt, Pan will hierher, nur hierher. Aber was soll ich nun mit ihm machen? Wo will er hin? Ins Wasser? In eine Baumwollhöhle? Aber die Fragen erübrigten sich, denn da war ein mit Efeu verwachsener Baumstumpf, der eine Öffnung hatte, in die der Pan-Kopf genau hineinpaßte. Nicht einen Zentimeter hätte er größer oder kleiner sein dürfen. Ein Stück Efeu preßte sich durch ein Auge und ließ ihn aussehen, als ob er mir zuzwinkerte.

„So", sagte ich, „also bist du jetzt zufrieden?"

Der Efeu raschelte ein wenig. Für mich gab es keinen Zweifel. Ich hatte Pan zum Leben erweckt. Nicht nur hatte ich ihn aus der Vergessenheit geholt, sondern ich hatte ihn dorthin gebracht, wo er hingehörte, wo er zu Hause war. Haselnußbäume sind besondere Bäume, beherbergen Trüffeln und Haselmäuse, beides seltsame, lichtscheue Gesellen, wie die Nußkäfer, die kreisrunde Löcher in Haselnüsse schneiden können, um an den süßen Kern zu kommen.

Ein leichter Wind kam auf, und es donnerte. Ein langer

Grashalm wehte über den Pan, und ein tiefer Seufzer der Zufriedenheit entkam ihm. Geräusche sind subjektive Ereignisse, und ein anderer hätte dieses Geräusch vielleicht anders interpretiert. Aber Feen, Faune, Pan selbst, Heinzelmännchen, Brownies, Leprechauns und ein Dutzend anderer Geisterwesen sind nicht für jeden sicht- und hörbar.

Nun war aber gerade Pan für mich schon immer ein fester Bestandteil meiner Welt, und ich dachte schon seit langem, ihm irgendwo auf unserem eigenen Grund einen Platz zu weihen. Nun hat er ihn selbst bestimmt. Wenn ich manchen Leuten, die es gar nicht verdienten, hie und da ganz unnützerweise klarmachen wollte, daß der Vielgöttergedanke doch um so vieles symphatischer und großzügiger sei als der strenge, unnachgiebige Glaube an nur einen Gott, waren sie schockiert, befremdet, ich wurde ihnen suspekt. Man soll sich gut überlegen, wem man solche Gedanken zum Spielen freigibt! Für mich ist es seit langem klar, daß die vielseitige Natur mit ihren Milliarden von Geheimnissen auch viele Götter beherbergt, und schließlich ist die „Gottfindung" ja sicher kein nur menschliches Privileg! Also war dieser lebendig werdende Pan für mich keine Überraschung. Der Hund verhielt sich seltsam. Er schnüffelte ein wenig um den Pan herum, setzte sich dann wie auf Befehl direkt vor ihn nieder und ließ nur seinen Schwanz tanzen. Eine azurblaue Fliege schwirrte um die Maske, und ganz plötzlich kam aus der Luft, hängend an einem weißlich blau schimmernden Strang, ein seltsames Gebilde, das vor dem Pan sich drehte und wendete, schillernde, durchsichtige Spiralen in der Luft schaukeln ließ, die sich ineinander verschlangen. Es war der Liebestanz zweier Nacktschnecken – ein Ereignis, das Menschen nur selten zu sehen bekommen. Nur einmal hatte ich es bis dahin erlebt und wußte also, was es bedeutete. Warum der Liebesakt aber vor dem Pan? Warum hier? Um zu beweisen, daß Pan alles in der Natur beherrschte, also auch die Liebe? Ja, schien der Liebestanz der Schnecken auszudrükken, ja, sieh her du, großer, alles umfassender Pan, siehe, wir weihen dir unsere Liebe, und unsere Kinder werden auch deine Kinder sein, so wie wir alle deine Kinder sind.

Der Hund sah die liebestollen Schnecken, und ein verhaltenes Winseln zeigte seine Erregung. Die Sonne stand hinter mir und zauberte einen großen, langen Schatten auf das gegenüberliegende Ufer des Flusses. Einen Schatten, wie kein anderer Schatten, den ich je gesehen hatte. Der Schatten eines Riesen mit krummen Hörnern am Kopf und einem wuchtigen Nacken. Breitspurig stand er da, und ich wagte nicht, hinter mich zu sehen. Der Riese mußte hinter mir stehen. Der Hund kam zu mir, und jetzt wurde sein Winseln lauter, und er klemmte den Schwanz zwischen die Beine. Hilf mir, schien er zu sagen – der ist zu groß für mich – hilf mir, ich fürchte mich so! Ich streichelte den Hund und flüsterte ihm ins Ohr, daß Pan noch nie einem Tier etwas getan hätte, und er dürfe keine Angst haben.

Die Versuchung, mich umzudrehen, wuchs von Minute zu Minute, aber ich überwand sie. Die Sonne ging hinter dunkle Wolken, der Schatten verblaßte, verschwand. Der Hund bellte erleichtert. Als ich mich umdrehte, war alles vorbei, und ich war allein. Die Schneckenhochzeit aber dauerte an, und das Liebesspiel endete erst, als die ersten Regentropfen fielen.

Seither wohnt Pan im Haselnußwald, aber ich hüte mich, seine tönerne Maske, hinter der er sich verbirgt, jenen zu zeigen, die das Unmögliche nicht mehr sein lassen.

Nicht nur William Blake!

Auch andere Dichter fanden den Eingang in die Welt der Elben und Feen. Aber WILLIAM BLAKE ist einer meiner liebsten. Schon als kleiner Bub sah er Engel in einem Baum. Später, als er erwachsen war, entdeckte er, daß Erde und Luft mit Wesenheiten bevölkert sind, die Anteil an den menschlichen Schicksalen nehmen. Einmal erblickte er, im Gras liegend, eine Begräbnisprozession der Feen.

WILLIAM WORDSWORTH nahm die Nähe unsichtbarer Gefährten wahr, und JOHN KEATS gestand, ehe er starb, einem Freund: „Vor ein paar Tagen, während einer Übungsstunde, floß ein Sonnenstrahl in den Raum und mit ihm eine ganze Schar von Wesen; mit ihnen entschwand ich nach Oberon und ins Feenland."

SWEDENBORG sprach mit Engeln, Sir CONAN DOYLE nahm in seinem Tudor Herrenhaus den kleinen Selwyn James an der Hand und sagte: „Komm mit mir in den Garten, wir wollen sehen, ob wir die Feen finden." Er flüsterte dem Kind noch zu, daß Elben und Feen sich nur einem Sterblichen zeigen, der an sie glaubt. „Wer sehen will, muß inbrünstig glauben." Und weil sie beide inbrünstig glaubten, der Mann und das Kind, öffnete sich ihnen das Zauberreich.

Ein Liebhaber der Luftgeister ist der irische Dichter GEORGE RUSSELL, bekannt unter dem Pseudonym A. E. Während eines Ferienaufenthalts an der Meeresküste geriet er in Kontakt mit einer Schar Sylphen und gewann ihre Freundschaft.

LORD DOWDING, im Zweiten Weltkrieg durch die Schlacht um England als dessen Retter berühmt geworden, baute nicht nur die britische Luftwaffe auf. An Sommerabenden unterhielt er sich in seinem Garten mit Elfen.

Der herrliche TOLKIEN gestand einmal, daß er den „Herrn der Ringe“ nicht erfunden hat. All die Geschöpfe, die uns Leser so beglückt haben, kamen in sein Professorenzimmer und erzählten ihm ihre Geschichten.

FLOWER A. NEWHOUSE pflegt sie vom Fenster ihres Arbeitszimmers aus inmitten der Blumen zu betrachten. Nachts, wenn sie ihre Hunde und Katzen in die Hügel ausführt, befindet sie sich zuweilen plötzlich in strahlender Begleitung. In Südkalifornien hat sie ihren eigenen Hausengel, der sich um die Erneuerung der ätherischen Kräfte kümmert.

Die gleichfalls elbensichtige DORA VAN GELDER schreibt, daß Elfen in der gleichen Welt leben wie wir, doch ihre Körper weniger dicht als die unsrigen sind. Der Schleier zwischen ihnen und uns ist so fein, daß jeder ihn mit ein wenig Mühe durchdringen könnte. Als Organ der Hellsichtigkeit, des klaren Sehens, gibt sie die Hypophyse an, deren Öffnung der Punkt zwischen den Augen über der Nasenwurzel ist. Sich auf diesen Punkt zu konzentrieren, kann ungewöhnliche Wahrnehmungen bescheren.

Der Elfenkörper besteht aus einem smaragdgrünen Kern und wird von einer hellgrünen dünneren Schicht, in der weniger Energie pulsiert, umhüllt. Er ist feiner als Helium, lebendige Materie und der Entstehungsort der Gefühle.

Diese Substanz ist der Natur nach Bewegung, im Gegensatz zu unserem komplizierten System von Venen, Muskeln und Nerven. So reagiert der Elfenkörper auf jede Gefühlsregung unmittelbar und direkt. Er ist Empfindung und Energie, und entsprechend wandeln sich seine Größe und Gestalt.

Elfen nehmen die Dinge anders als wir wahr. Eine Rose erscheint ihnen als Quelle leuchtenden, farbigen Lichtes, von hellen, zarten Linien und Spiralen durchzogen.

Der Hauptunterschied zwischen Menschen und Elfen besteht darin, daß wir in einer Welt der Form leben, der Objekte, und sie in einer Welt pulsierender, strahlender Energie.

Gnomen betrachten Steine und Felsen als ihre lebendigen Freunde, die im Lauf der Jahrhunderte Erfahrungen sammeln und Persönlichkeit entwickeln. Felsen fühlen, statt zu sehen, und sie verspüren eine dunkle Hinwendung oder Abneigung für den Menschen, der sie öfter besucht.

Jede Landschaft wird wie ein Königreich von einer Wesenheit beherrscht und bewohnt, strahlend und von farbigen Aureolen umgeben.

„Wunderbar sind die Gebärden der Geister", schreibt Arnold Keyserling. „Sie alle sind im Tanz." Erinnert uns das nicht an den kosmischen Tanz der Energien? Den Tanz der Moleküle, Atome und Atomteilchen der neuen Physik? Wie oben, so unten. Im unendlichen Kleinen, im unendlichen Großen. Der kosmische Reigen und der Reigen der Elfen – sind sie nicht ein und dasselbe?

Lieben Sie Zwerge?

Ananda Ballabene, die unvergessene Yogin, wurde durch einen Schlag zwischen die Schulterblätter – versetzt von einem katholischen Missionar – elbensichtig.

Nicht die zunehmende Verstädterung, meint sie, habe die Zwerge vertrieben, sondern die zunehmende Verhärtung des Menschen, seine Lieblosigkeit und Gefühlskälte, die von diesen Wesen tatsächlich als fühlbare Kälte empfunden wird.

Der Körper der Zwerge ist nur ein dünnes, ätherisches

Gewebe, beeinflußbar von menschlichen Ausstrahlungen. Zwerge können diese nicht abweisen wie der Mensch, den ein starkes Kraftfeld umgibt. Durch negative Gedanken werden sie in ihrer Entwicklung gehemmt. Die Launenhaftigkeit der Naturgeister entspringt oft nicht ihrem eigenen Wesen.

Nur die Kraft der Liebe und des Verstehens kann Zwerge an Menschen binden. Durch Liebe entfalten sie sich. Lieben wir sie also, die androgynen Lichtwesen!

Frau Dr. INGEBORG DORN, die Wiener Kunsthistorikerin, tut es. Vor Jahren hat sie mir einmal bei den Externsteinen von ihrem Zwerg Pfiffi und seinen Lackschuhen erzählt. Also schrieb ich ihr nach Inzlingen, wo sie gerade lebt, und erkundigte mich nach ihm. Hier ist ihre bebilderte Antwort:

„Liebste Lotte, ich habe in einem alten Tagebuch zwischen dem 1. und 24. Juli in Eire nachgesehen. So – (das Pfiffi Sommer-Bild) so spür – sehe ich die Naturgeister. Für mich ist es seit Kindertagen selbstverständlich, daß es sie gibt und sie den Menschen gern helfen. Werden sie gerufen, so sind sie augenblicklich da. Wer vertraut mit ihnen ist, kann bei praktischen, alltäglichen Tätigkeiten mit ihrem Beistand rechnen. Sie sind nie aufdringlich, freuen sich aber über Lob und Anerkennung. Es sollte nicht in Form von Materiellem gegeben werden. Ausnahmen sind: Rahmschüsselchen beim Anfreunden, kleine Münzen für die Trolle (symbolisch).

Die Naturgeister sind keine Emanationen des menschlichen Geistes. Sie sind erdgebundene Wesen. Daher suchen sie feinfühlende Menschen, durch die sie wirksam werden können. So können sie Anteil nehmen. Wenn ich – beim Autofahren – eine Adresse suche, sage ich laut: ‚Pfiffi – halte Ausschau!' Ich kann dann sicher sein, mich nicht

IMMER LINKS VORN
SMARAGD
MÜTZE
ROT
BART
ROT
GRÜN
GRÜN
ROT
GOLD
ODER SCHWARZE
LACKSCHUHE
HÄLT SICH GERN
AM HALS FEST
PFIFFI
SOMMER
LENKRAD
Juci 1989

PFIFFI WINTER

Juli 1989

mehr zu verfahren, außer ich setze meinen Verstand ein. Ein unzuverläßliches Instrument!

Letzten Winter suchte ich ein tibetisches Kloster bei Vevey am Genfer See. Ich bat Pfiffi bei der Autobahnausfahrt Vevey, und in dem Moment roch es intensiv nach tibetischen Räucherstäbchen. Ich fuhr dann einfach dem Geruch nach. Ohne mich zu verfahren, landete ich bald hoch am Berg über dem See bei zwei Yaks. Da wußte ich, daß ich da bin. All das war sehr wunderlich.

Auch in der Stadt ist Pfiffi tüchtig. Finde ich keinen Parkplatz, rufe ich ihn und werde schnell dorthin geführt, wo einer wegfährt.

Ich spüre schon lang, daß mir Naturgeister sehr nah sind. Da habe ich einfach einmal gefragt, wie sie heißen. Sofort kamen die Namen.

Ich kann sie auch bei anderen Menschen sehen und sage, wo sie sitzen und wie sie heißen. Das ist dann meist ein Lieblingsplatz im Haus und der Name innerlich vertraut, jedoch rational nicht einzuordnen.

Die Hauszwerge Ada und Ole sorgen für reibungslosen Ablauf im Haushalt, warnen auch vor Gefahren (Herdplatten an, Bügeleisen, Kerzen . . .), passen auf, machen klatschende Geräusche.

Eigentlich bin ich keine Kunsthistorikerin mehr, eher Kulturhistorikerin, die altes Wissen aufbereitet. Ich studierte nur, um mehr über Künstler-Menschen zu erfahren. Das konnte ich aber nicht an den Universitäten.

Was ich wissen will, erfahre ich medial. Ich schreibe seit zwei Jahren Durchsagen auf, und sie konnten alle verifiziert werden. Vieles erfahre ich in altnordischen Ausdrükken, die ich nie verwenden würde. Was die Zwerge betrifft, so kommuniziere ich mit ihnen in der Herzsprache. Das ist eine Art warmer Wellen. Spreche ich etwas laut aus, so ist das nur ein menschliches Artikulieren, das sie nicht bräuchten.

ADA UND OLE

Juli 1989

Das mit den schwarzen Lackschuhen war vor ein paar Jahren. Ich fragte Pfiffi, was er gern hätte, und ganz schnell kam: ‚Schwarze Lackschuhe.' Ich war sehr verblüfft, denn der Gedanke daran wäre mir nie gekommen.

Liebe Eule – kannst du was anfangen damit?"

O ja! Und Sie hoffentlich auch.

Das Weidenmännlein

Frau Lilli Soeser-Hörbiger verdanke ich die Geschichte vom Salzburger Weidenmännlein:

„Es war ein strahlender Junitag, der St.-Antonius-Tag 1968, als ich mit einem jungen Mädchen, Gertaud Z., über die Fürstenallee, den Krauthügel und dann den ansteigenden Waldweg über den Mönchsberg in die Nähe der Stadt ging. Der Weg endet an der Stiege am alten Festspielhaus, wo man alsbald inmitten der Altstadt ist. Knapp vor dieser Stiege kann man rechts über eine schulterhohe Mauer in den zweiten Hof des Benediktinerklosters St. Peter sehen. Gertraud Z. trat kurz an die Mauer heran und schaute in die Tiefe. In der Mitte des Hofes sah man von oben nur die riesige Krone eines Weidenbaums. Den Brunnen, der darunter steht, kann man, da er von Laub verdeckt ist, nicht wahrnehmen. Rasch trat Gertraud Z. wieder zurück auf den Weg zur Treppe und sagte leichthin: ‚Na – heute ist er nicht da!' Erstaunt frug ich sie: ‚Wer ist nicht da?' – ‚Das Weidenmännlein', gab sie zur Antwort.

Wir waren währenddessen über die Treppe hinuntergegangen, überquerten die Hofstallgasse und setzten uns auf eine Bank im Garten der Alten Universität. ‚Was ist das mit dem Weidenmännlein?' konnte ich meine Neugier nicht länger zügeln.

,Na – das ist ein zierliches, grünes Männlein, das auf der Krone des Weidenbaumes herumhüpft. Der Pillinger hat es dort auch öfters gesehen. Er hat mich einmal in der Klavierstunde darauf aufmerksam gemacht!'

(Wolfgang Pillinger war damals Musikprofessor am Musisch-pädagogischen Gymnasium in Salzburg-Nonntal, das Gertraud Z. Ende der sechziger Jahre besucht hat.)

Damit wußte ich also Bescheid, und wir sprachen nicht mehr darüber. War das Mädchen natursichtig wie einst Paracelsus? Seit 1973 ist sie Volksschullehrerin. Ihre Natursichtigkeit endete nach Vollendung der Pubertät.

Im Sommer 1947 hat mir im Gastgarten des Café Posthof der große Weise, Wissende und Schriftsteller Surya – selbst enorm hellsichtig und seinen Doppelgänger unwillkürlich aussendend – in Gegenwart meiner alten Freundin Johanna von Paumgartten erzählt, seine einzige Tochter Viola habe gesehen, wie sich im Aigner-Park eine luftig-silberschimmernde (weibliche) Elfe mit langem Haar und Schleiergewand in den Ästen einer uralten Linde wiegte."

Danke, liebe Lilli-Maximiliane!

Die blauen Knaben

„Es war in Schweden", sagte CHRISTIAN LAUERMANN. Ich hatte ihn in Freiburg im Breisgau angerufen und um seine Elbengeschichte gebeten. „Du kennst die großen einsamen Waldstraßen dort? Also ich fuhr mit dem Auto, als ich eine

Gruppe blauer Wesen vor mir sah. Zuerst hielt ich sie für Schulbuben in ihrer Internatsuniform." Ich wartete.

„Sie waren schöner als Schulbuben. Als ich näher kam, merkte ich es. Sehr schön von Gestalt. Und von einer Grazie, einer Anmut . . ."

„Hellblau?" fragte ich. „Nein. Ein tiefes Ultramarin. Aber natürlich waren sie, als ich bei ihnen ankam, verschwunden. Da wußte ich schon, wer sie sind."

„Zwerge, Christian?" – „Ich weiß nicht", sagte er. „Sie waren nicht zwergisch." – „Kein großer Kopf, kein weißer Bart, keine rote Mütze?" – „Nichts davon", sagte er. Und noch einmal: „Sie waren sehr schön."

Wir sprachen dann noch über die gefallene Natur. Zu meinem Erstaunen sprach er über Naturgeister, die der Technik helfen. Ein Widerspruch? Das verneinte er. Die Naturgeister müßten in alles einbezogen werden, auch in unsere Technik, und nur gemeinsam könnten wir in eine allgemeine, höhere Energie eingehen.

„Naturgeister sind nicht nur für uns da", sagte er. „Sondern wir auch für sie!"

Mir scheint, wir haben noch sehr viel zu lernen.

Die Ingrisch-Fee

Lisi Buchhöcker lebt in Weitra. Auf dem Dach ihres großen alten Hauses haben die Störche ein Nest gebaut. Es gibt Frauen, die nicht alt werden. Frauen, die schön bleiben. Frauen, die Männer glücklich machen. Zu denen gehört sie.

Das erzähle ich, weil ihre Geschichte verrückt ist. Nur, sie selbst ist es nicht.

Wenn ich mich recht erinnere, haben wir einander vor etwa zehn Jahren auf dem Weitraer Christkindlmarkt kennengelernt. Aber sie kannte mich schon viel länger.

„Das wußte ich", sagte sie, „als ich dich zum ersten Mal traf. Ich hab' dich als Elfe gesehen."

„Mich?" fragte ich. „Ja", sagte sie. „Es ist vielleicht dreißig Jahre her. Du kamst aus dem Wald. Es war ein sehr dunkler Wald. Und ich war, obwohl schon erwachsen, ein Kind."

„Das hast du geträumt?" fragte ich. „Nein", sagte sie. „Nicht geträumt. Du warst eine Fee mit langen blonden Haaren, in einem bis zur Erde fließenden, hellblauen Kleid."

„Ich trage nur Hosen", sagte ich. „Und ich war tizianrot. Wie sah ich sonst aus?"

„So wie immer", sagte sie. „Du warst es. Ich hab' dich sofort wiedererkannt."

Warum ich Lisis Geschichte beinahe glaube? Weil ich, wie es scheint, in allen möglichen Variationen meiner selbst auftauche. Ohne es zu wissen, und ohne es zu wollen. Ich habe Dutzende solider Zeugen.

Aber wahrscheinlich passiert das vielen. Da wir nicht wissen, wer wir in Wirklichkeit sind, können wir alles sein.

Auch eine Fee.

Der Postmeister und die Elben

Vor vielen Jahren schrieb er mir einen Brief. Er erbat nur eine kleine Auskunft von mir: „Sind Sie – und wie sehr sind Sie – eine Hexe?" Ich antwortete, ich wäre überhaupt keine.

Gerhard Marx war ein bißchen enttäuscht. Trotzdem wurden wir Freunde. Zuweilen berichtete er von Abenteuern jenseits der Grenzen.

Ich lade ihn samt seinen Unirdischen in dieses Buch ein.

Das Elb'sche Abendmahl

An einem warmen Oktoberabend angelte ich an einem sehr idyllischen, platanenumstandenen Platz, wo man von keiner Menschenseele gestört wurde. (Damals wenigstens, denn heute rasen einige Male im Jahr über eine neu erbaute Brücke an besagtem Ort Motorräder und Autos, da der Grundbesitzer Ralleys veranstaltet. Sind nicht mancher Menschen verwirklichte Träume viel schlimmer als die sogenannten „Alp"träume?)

Die Dämmerung war schon hereingebrochen, die „Misty hour", wie ich die lauschige Stunde vor der sich ausbreitenden Nacht gerne nenne, in der die Grenze der Welt zu zerfließen beginnt, und sie ist auch die beste Zeit, einen weidenden Karpfen zu erbeuten. Da vernahm ich ein paar Schritte hinter mir ein eifriges raschelndes Herumrupfen im angrenzenden Maisfeld. Dort tat sich wohl etwas an einem Kukuruzkolben gütlich. Neugierig geworden, gelang es mir, mich durch den durch Hochwasser schütter und nieder gewachsenen Mais unbemerkt bis auf einen halben Meter an den Urheber der Geräusche heranzupirschen. Lediglich eine Maispflanze befand sich zwischen mir und dem Etwas. Ich beugte mich langsam hinüber, erblickte ein etwa dreißig Zentimeter großes, graues Irgendwas, es duckte sich und war ganz einfach nicht mehr da. Weder Wegflüchten noch Fluchtgeräusch und auch kein Loch war zu bemerken, einfach in Luft aufgelöst . . . Ob wohl die Luft auch das dieser Elbe eigentliche Element war, die ich hier zum erstenmal gesehen hatte?

Diana vor dem Bade

Ein anderes Mal stand ich ebenfalls an einem Herbstabend am Ufer eines Altarmes der Leithaau und gab mich dem fast noch paradiesischen Szenarium mit Reiher, Eisvogel, Hecht, Kammolch, Froschlöffel, Sumpfvergißmeinnicht und kriechendem Hahnenfuß hin. Da holte mich ein Rascheln kaum fünf Meter zu meiner Seite aus der Meditation. In der Laubstreu der Uferböschung gewahrte ich eine dunkle, spannenlange Gestalt, die aufrecht in winzigen Schritten aufs Wasser zu trippelte, und kaum, daß ich mich anschicken konnte, auf sie zuzugehen, war sie auch schon verschwunden. Ich untersuchte die fragliche Stelle peinlich genau, indem ich sogar das Laub bis zur Erde entfernte, und nahm selbst den kleinen oberarmdicken Baumstamm, in dessen unmittelbarer Nähe das Wesen auftauchte, in Augenschein, doch gab's rein gar nichts, worin sich ein kleines Wesen dieser Welt verstecken hätte können. Hier hatte ich wohl eine Nymphe dabei gestört, ihre Abendtoilette zu verrichten.

Der Wind auf dem Zaunpfahl oder Die Duplizität der Fälle

An einem sonnigen Frühlingstag zeigte mir ein Weidkamerad sein neues Jagdrevier, in dem noch Akelei, Anemone und Frauenschuh blühten. Auf einer Waldwiese waren an mehreren Stellen die Blätter des Breitwegerichs mit roten Flecken übersät, und ich dachte mir so halb im Spaß, daß anscheinand der „Wilde Jäger" auch außerhalb der Rauhnächte seine Jagden auf die Waldfrauen angesetzt und – wie's so aussah – reichlich Beute gemacht hatte. (Tatsächlich war's noch vor einiger Zeit in manchen Gegenden des nördlichen Europas Brauch, daß zwei Holzfäller, noch bevor der fallende Baum die Erde berührte, mit ihren Äxten drei Kreuze in die Oberfläche des Baumstumpfes schlugen, auf dem sodann die Waldfrau vor dem Wilden Jäger gefeit war.)

Als wir wenig später in flottem Tempo aus einem Jungwald heraus auf einen Holzabfuhrweg vor einer eingezäunten Fichtenjungkultur traten, fuhr, wahrscheinlich von unserem plötzlichen Auftauchen erschreckt, von einem Akazienpflock ein Nichts, ein Etwas, ein Irgendwas, ein Weiß-nicht-was mit einem derartigen Braus blitzartig in den Wald gleich nebenan, daß sich – bei ansonsten völliger Windstille – in einem meterbreiten und noch längeren Luftkanal die Zweige und Äste nur so bogen.

Kein Wunder, kaum war man in der letzten Nacht um Haaresbreite der Wilden Jagd entronnen, da erschienen jetzt sogar schon in den friedlichsten Tagesstunden abermals grüne Gestalten, die sicherlich nichts Gutes im Schilde führten.

Pans Flöte und Dianens Hindin

Nahe der ungarischen Grenze weidwerkte ich auf Sauen. Landes- und sogar Gemeindegrenzen decken sich oft mit Weltengrenzen und bilden, besonders wenn jene von ausgedehnten Wildnissen umgeben sind, Rückzugsgebiete des abgedrängten Phantastischen.

Nach einem nachtschwalbenumsponnenen und froschheerumquakten Ansitz an einem Sommerabend baumte ich ab, um mich auf den Heimweg zu begeben. Nach einigen Schritten flötete aus dem Dornensumpfdschungel hinter mir für ein paar Sekunden ein Ton an mein Ohr, wie ich ihn noch nie vernommen hatte. Nur ein einziger weicher gezogener Ton und doch voller Strophen und Geschichten von Wehmut und Sehnsucht. – Saß dort in abgeschiedener Verborgenheit der gehörnte Bockfüßige und trauerte um sein einst so großes Reich? So sehr ich auch noch zuwartete, des Panens Flöte blieb stumm.

Eine Woche später pirschte ich im selben Revier bei Sonnenaufgang entlang eines Altholzes. Ein Knacksen darin ließ mich innehalten, und mein suchender Blick fiel auf eine Hirschkuh, die soeben aus einem Gebüsch heraustrat. Obwohl ich das kaum dreißig Schritte entfernt stehende Stück Wild erlegen hätte können, griff ich aus scheinbar unerklärlichen Gründen nicht zum Gewehr, sondern hob sachte den Feldstecher und erblickte darin ... ein schwarzbetuchtes und -geschürztes altes Schwammerlprockweiberl, zu dem sich noch ein jüngeres hinzugesellte. Eine Sinnestäuschung? – Auf diese kurze Distanz? Hatte hier nicht eher Diana, die jüngere der beiden nicht gerade Holden, zum Schutze ihres Lieblingstieres, der heiligen Hindin, die Hand in diesem Verwandlungszauber?

Die Geschichten um diese Hindin bilden *gewissermaßen* die matriarchalische Parallele zur Hubertuslegende.

Neues vom weißen Hirschen

Als ich mein Erlebnis mit der Hindin später im Kreis einer mir sehr gut bekannten Försterfamilie erzählte, hatte der Förster, bestimmt nicht unbedingt ein Mystiker oder übertriebener Romantiker, zu meiner angenehmen Verwunderung eine ähnliche Geschichte parat:

Im Waldviertel hatte er in den sechziger Jahren in der Nähe einer verfallenen Mühle auf einem Hochstand angesessen. Schließlich war die Dämmerung gekommen, der ersehnte zinkenstarrende Bock nicht, doch ... da wurde er eines Lichtscheins im schon sehr dunklen Wald gewahr ... Das Fernglas hochgenommen, hatte er zunächst etwas Weißes, von Licht umflort, in Anblick, das sich auf ihn zu bewegte. Und schließlich war ihm das Lichtphänomen so nahe, daß nicht einmal die geübten Augen eines erfahrenen Jägers dazu notwendig gewesen wären, es unfehlbar zu bestimmen. – Ein Hirsch war es, etwas schwächer als der ansonsten bei uns heimische Rothirsch, jedoch . . . leuchtend weiß mit einem strahlenden Kreuz zwischen den Geweihstangen . . .!!! Unter Jägern gesagt, dürfte aber der Förster der Fermste nicht gewesen sein, denn obwohl er ungläubig noch einige Male abwechselnd mit Feldstecher und bloßem Auge das edle Wild in näheren Augenschein genommen hatte, bevor er endgültig Hals über Kopf mit einer Gänsehaut sondergleichen blindlings das Weite suchte, konnte er keine genaueren Angaben über die Endenanzahl jenes Geweihten machen. Und meinen scherzhaften Vorwurf, die Flinte ins Korn geworfen zu haben, dementierte er energisch.

Den Weißen Hirschen, den Mittagshirschen, findet man auch – sogar in Gold – in einer alten Sage um den Hackelsberg, westlich des Neusiedler Sees, in welcher die Hackelmänner (Hämmerlinge, Zwerge) einen Schatz, den goldenen Hirschen, bewachen. Weiters weist ein noch bekannter und sichtlich durch den Wolf der Christianisierung gedrehter Kinderauszählreim auf besagte Hackelmänner und Nymphen beim Hexenbründl am Fuße des Hackelsberges hin:

Hackel am Berg,
Hulla im Tal,
wenn's Dir begegnen,
geht's schlecht allemal.
Renn', mein Kinderl fein,
Du mußt es sein!

Feengesänge und Fee(d)back

Vor etwa 15 Jahren war's, als ich an einem warmen, sonnigen Februarsonntag im Wald auf einem Baumstumpf Platz genommen hatte. Scheinbar aus dem Nichts heraus war mein Interesse an Feen und daneben auch noch an irgendwelchen Zeichen, von deren Aussehen ich nicht den blassesten Schimmer hatte, erweckt worden. Daß zwischen beiden ein enger Zusammenhang bestehen sollte, habe ich erst viele Jahre später erfahren.

Da saß ich also auf dem Baumstumpf, rauchte genüßlich eine Zigarette und begann meditierend Melodien zu singen, die, aus meinem Unterbewußtsein aufsteigend, ich spontan wiedergab. Mystische und sehnsuchtsvolle Klänge im Bereich des Soprans. Schon nach kurzer Zeit entstiegen dem schneebedeckten Gesträuch rings um mich mehrere libellenartige Insekten, umkreisten mich in langsamem Flug, und einzelne nahmen sogar auf mir Platz. Offensichtlich wurden sie durch den Gesang in meinen Bann gezogen.

Nachdem ich mich diesem Schauspiel eines „extremen Vorfrühlingstages" eine ganze Weile hingegeben hatte, zog ich weiter meines Weges – denn da oder dort gab es ja noch die Zeichen, woraus immer diese bestehen und was für Bedeutung sie haben mochten, zu entdecken.

Ein Feedback mehrere Jahre später, nachdem ich sieben Literaturberge überstiegen und auch andere, z. B. volkskundliche Erfahrungen gesammelt hatte, ergab schließlich:

Ich hatte damals nichts anderes als Schamanismus betrieben. Der Baumstumpf war der Kraftplatz, sekundär auch die Trommel. Und die Zigarette war natürlich das Rauchopfer. Dadurch, daß die Melodien, meine, wie ich sie nannte, Feengesänge, Sopranhöhe hatten, betrat ich meinen Yin – also einen jenseitigen Bereich. Und die libellenartigen Insekten waren die Geister, die ich gerufen hatte.

Schließlich nahmen auch die Zeichen konkrete Gestalt an – sie befanden sich auf Steinen, waren überhaupt Steine und/oder alte Kultstätten, wo, besonders dort wo Megalithen standen, einst die Feen verehrt wurden. Und somit hatte sich der Kreis des Zusammenhangs zwischen Feen und Zeichen geschlossen.

Allerdings sind Zeichen wie etwa Megalithen eigentlich nur Vorzeichen, da sich ja erst hinter diesem wieder neuen Geheimnis ein Zeichen im Sinne einer überdimensionalen Erkenntnis steht. Doch die Suche nach diesem und weiters nach jenem ist in jedem Fall ein Initiations-, ein Gralsweg, nebulos und somit labyrinthisch – und so ein labyrinthischer Initiationsweg wurde ehemals auf dem Glastonbury-Tor von den Kelten konkretisiert.

Feentanz oder die Begrüßung der Sylphen

In einem Tal unweit der Leithaniederung reckt an einem kopfweidenumstandenen Bachlauf eine urige Esche, ein Naturdenkmal, ihre starken Äste in himmlische Regionen. Ihr imposanter Anblick vermittelt sofort ihre einstige Bedeutung als Yggdrasil, der Weltenbaum. Kaum ein paar Schritte davon befindet sich ein unbewohntes, langsam verfallendes Bauernhaus mit umfriedetem, verwildertem Brennesselgarten, Hollerstauden, saurer Wiese und kleinem Kleefeld. Nirgendwo in der Gegend sind die Feldhasen so vertraut wie an diesem heimeligen Platz. Wenn man sich ganz still verhält und sie am Abend von den umliegenden Feldern angehoppelt kommen, äsen sie sich fast bis an die Schuhspitzen heran. Kurzum – ein Ort des Friedens. Ob wohl all der stille Zauber von der Esche ausgeht, welche die vom Himmel empfangenen odischen Kräfte in die Erde ringsum weiterleitet?

Entdeckt habe ich dieses kleine irdische Heiligtum an

einem schwülbrutheißen Sommertag, als ich einen Wald durchwandert hatte und in besagtem Tal ankam.

Auf der Fensterbank des alten Bauernhauses wollte ich mit der unvermeidlichen Zigarette ein paar Augenblicke der Traumzeit einfangen. Eine besonders eigentümliche: Nicht einmal der Hauch eines Lüftchens war zu verspüren, kein Vogel zu vernehmen und auch keiner zu sehen, kein Mäuschen raschelte hinter mir im knisterdürren Gebälk, nicht einmal ein Insekt summte schwirrend – alles lag und starrte wie tot im Sonnenglast.

Auf der dem Bach gegenüberliegenden Seite des Hofes stieg, nachdem es kurz in eine Geländesenke fiel, ein frisch gedroschenes Feld bergan. Und in jener Senke regte sich's plötzlich: Zunächst begannen nur einzelne dürre Druschabfälle wie in einer Windhose zu steigen, doch immer mehr und mehr gesellten sich dazu, so daß schließlich der Wirbelkreis auf gut zehn Meter Höhe und fünfzehn im Durchmesser anschwoll. Blatt und Stengel vollbrachten ihren Totentanz in gespenstischer Geräuschlosigkeit. Und das fatamorganisch flirrende, fluoreszierende Kreiselgewaber dazwischen, ritt diese mehr zu erahnende als zu erschauende Vielgestaltigkeit spielerisch ihre wilde Jagd, oder feierte sie einfach Erntedank?

Noch immer stieg der Rauch der Zigarette kerzengerade auf, noch immer wippte kein Blatt, als der thermische Erdenzauber in sich zusammenfiel.

Feenkuß oder das ungeduldige Dornröschen

Wer kennt sie nicht? Die blitzartig einherwehende und ebenso schnell wieder verschwindende Wolke undefinierbaren Tausenddufts an Wegmündungen am Waldesrand oder Waldwegkreuzungen. Vergebens schnuppert man hinter- und umher, sie ist – verduftet. Entsprängen nun diese Gerüche beispielsweise größeren in Blüte stehenden Pflanzengruppen, so lägen jene viel länger in der Luft, oder man müßte des öfteren während eines Spaziergangs darauf stoßen. Zwar stammen natürlich diese Düfte primär schon von Pflanzen, jedoch sind sie hundertfach und komprimiert – man wird geradezu von einer Duftbombe getroffen, Elf Rocher! Genauer gesagt ist diese Bombe eine Pflanzenelbe, welche einer Biene ähnlich ihr einstweilen noch unergründliches Werk an einer Unzahl von Blüten vollbringt, und da sie dabei als feinstoffliches Wesen in noch intensiveren Kontakt mit diesen kommt, wird sie dabei geradezu aufgeladen.

Ich möchte die eingangs beschriebene liebreizende Kollision als eine Annäherung der Elementale an den Menschen werten, vielleicht weil jene die einst bestehende Symbiose mit diesem noch nicht vergessen haben.

Wenn uns also nächstens wieder so ein Duftesblitz trifft, freuen wir uns einfach darüber, der Funke der Freude wird dem Wesen sicherlich Nahrung sein.

Das Mühlenmännchen oder Das ertappte Rumpelstilzchen

Mit meiner Frau bin ich zuweilen in einem Restaurant zu Gast, welches einst eine Mühle war. Schon mehrere Jahrzehnte lang dreht sich nun schon anstelle des Mühlenrades nur mehr das Rad der Zeit.

Wir hatten im blumengeschmückten und nadelbaumbestandenen Garten Platz genommen.

Nach dem Mahl betrachtete ich ein wenig die schlichte Schönheit des alten Gebäudes und dachte mir noch dabei, daß hier womöglich auch noch ein Hausgeist vorzufinden wäre. Spielerisch begann ich nach ihm Ausschau zu halten, und schon mein erster Blick fiel, als wäre er magisch angezogen worden, unter die Äste einer jungen Tanne gleich neben dem Stiegenaufgang, wo sogleich ein Grauschattenschimmerflimmer gewissermaßen von Tannen wich.

Der Lichtpfad oder Fast eine Erleuchtung

Am Morgen einer Wintersonnenwende war ich in dichtestem Nebel übers Rosaliengebirge und die Bucklige Welt unterwegs in Richtung Wiener Becken. Von der langen Fahrt müde geworden, hielt ich Rast bei einer kleinen hölzernen Marienkapelle und besichtigte bei dieser Gelegenheit auch deren Inneres. Ein paar Kerzen, andere überaus bescheidene Andachtsgegenstände und eine schlichte Marienstatue verrieten in keiner Weise das uralte Heiligtum, welches ich hier vorgefunden hatte. Offenbar, ja, offenbart wurde dies erst, nachdem ich die Kapelle wieder verlassen hatte. Als ich in den Nebeln aber hinaustrat und mir genüßlich eine Zigarette anzünden wollte, stand ich plötzlich im blendenden Licht der Morgensonne. Doch bot es sich diesmal ganz anders. – Ich befand mich in einem Lichtkanal, in einem nebelumringten Lichttunnel, der, an meinem Standort etwa fünfzig Meter breit, sich zur Sonne hin allmählich erweiternd, genau in seiner Mitte den Blick auf eine auf dem höchsten Punkt eines Berges erbauten Kirche freigab. Sonne, Kirche und Marienkapelle lagen auf einer Linie. Fassungs- und leider auch ahnungslos bestaunte ich das mir dargebotene Wunder, denn daß ich damals Zeuge eines Lichtpfades, einer Erscheinungsform der berühmten Leylines, geworden war, habe ich erst gut zehn Jahre später durch John Michells „Geomantie von Atlantis" erfahren. Bis dahin hatte ich die Fahrtstrecke glücklich vergessen und somit auch den Ort des „zauber"haften Geschehens, drum suche ich ihn heute noch, denn „Es war einmal . . ."

Die Grüne

ANGELA MÜNEMANN ist Literatin, Malerin, Collagistin. Sie lebt in Marokko und München.

Eine Tiroler Bergbauernfamilie entdeckte einst ein in der Eisack dahintreibendes Weidenkörbchen. Als sie es aus dem Fluß zog, fand sie ein Baby darin, ganz in Weiß gekleidet, mit einer eingestickten siebenzackigen Krone. Die Bauersleute zogen das Findelkind auf. Einmal im Monat lag immer Geld auf dem Küchentisch. Keiner wußte, woher es kam. Das Kind im Körbchen war Angelas Urgroßmutter.

Sie selbst wuchs auf einem Gutshof in Hader bei Landshut auf, von dichten Wäldern umschlossen. Als sich die Geschichte zutrug, war sie gerade vier Jahre alt. Die Familie besuchte ein Volksfest, ihre Mutter wusch Wäsche am Fluß. Sie sollte ihren Mittagsschlaf machen, schlief aber nicht. Denn der kleine Bruder brüllte, er müßte aufs Töpfchen. Als sie aus dem Bett kletterte, ging die Tür auf.

Eine alte Frau stand auf der Schwelle. Sie war in bunte Röcke gekleidet wie eine Zigeunerin, und sie trug ein Kopftuch. Ihr Gesicht war grün. Ein sehr schönes, feines Gesicht, und die vielen Falten waren wie einziseliert. Grün wie ein Blatt, sagte Angela. Sommergrün.

Die alte Frau war nicht durchsichtig. Sie war so real. Zwei oder drei Minuten lang stand sie in der Tür und sah die Kinder an. Ganz ruhig. Dann schloß sie die Tür und war verschwunden.

Die kleine Angela rannte hinter ihr her. Aber der lange Gang war leer.

Ein paar Wochen später saß die ganze Familie im Wohnzimmer. Sie selbst und ihr Bruder spielten auf dem Holzboden mit roten Kugeln. Es war zwei Uhr nachmittag. Plötzlich ging die Tür weit auf, und wieder stand die Grüne auf der Schwelle und schaute sie an. „Da ist sie“, rief Angela aufgeregt. „Da ist sie wieder!“ Aber niemand sonst sah sie. Nach zwei oder drei Minuten ging die Tür zu, und die Grüne war fort.

„Es war nur der Wind“, sagten die Eltern. Wie schon beim ersten Mal glaubten sie Angela nicht. Doch kein Fenster stand offen. Es war ein vollkommen windstiller Tag.

Später hatte Angela selbst eine Tochter, die eines Tages ein wunderschönes Kind unter ihrem Bett entdeckte. Goldblond, und es sah so aus, wie man kleine Engel malt. Von einem Augenblick zum anderen war es wieder verschwunden.

Elbenhochzeit

Direktoren kamen und gingen. Liselotte Anton blieb. Sie war die Seele des Wiener Burgtheaters. Im August 1977 lernte sie beim Schwammerlsuchen im Waldviertel eine resche Sechzigerin kennen, ganz von dieser Welt. Oder doch nicht ganz?

Man kam ins Gespräch. Der Vater der Fremden war Sargtischler in Eisgarn gewesen. Und eines Tages, als der „Lehrbui“ (Lehrbub) nicht da war, mußte sie mit einer Freundin einen Sarg von Eisgarn nach „Loipers“ (Leopoldsdorf) befördern. Sie nahmen sich einen Schubkarren und zogen los. Es war schon fast Mitternacht. Beim Großradischener Teich begegnete ihnen eine Gesellschaft. Eine Braut im Schleier, ein Bräutigam mit Zylinder und mehrere Leute mit Masken.

Die Freundin fürchtete sich, aber die Tochter des Sargtischlers sagte: „I firicht mi net." (Ich fürchte mich nicht.) „Sei ganz still, sag kein Wort und wir schauen, daß wir geschwind durchkommen." So geschah es.

Sie lieferten den Sarg ab und sollten eigentlich den Rückweg antreten. „Jetzt hab i mi a gfiricht", gestand die Schwammerlbrockerin. (Jetzt hab' ich mich auch gefürchtet.) Also gingen ein paar Männer mit ihnen.

Als sie zum Teich bei Großradischen kamen, sahen sie, daß die Gesellschaft von vorhin fischte. „Jetzt haben sich auch die Männer gefiricht", sagte sie, „und gingen nicht weiter."

Doch die Erzählerin meinte, wenn sie ihnen auf dem Hinweg nichts getan hätten, würden sie ihnen jetzt auch nichts tun. Und sie ging mit ihrer Freundin an den Fischenden vorbei, ohne daß etwas geschah.

Ich vermute, daß die Leute gar keine Masken trugen. Sie sahen wirklich so aus.

Der Feenverein

Vor vielen Jahren machte ich mein Testament. Ich besitze nicht viel. Aber vielleicht, dachte ich, wird es mehr. Jedenfalls wollte ich alles den Feen vermachen. Ich liebte sie schon als Kind und betete jeden Abend, daß endlich eine aus ihrem Reich zu mir käme.

Als ich meinem Freund HUGO SCHÖNBORN damals von meinem Testament erzählte, sagte er: „So geht das nicht. Feen sind keine Rechtspersonen. Du mußt einen Verein gründen, und der kann sie dann fördern." Damals entstand der Plan, einen Verein zur Förderung freundschaftlicher Beziehungen zwischen Menschen und Feen zu gründen. Doch führte ich ihn nicht aus.

Ernst Molden hat irgendwann davon gelesen oder gehört. Und da er selbst in unirdischen Kreisen verkehrt, ließ er mir keine Ruhe, bis der Verein wirklich gegründet war. Wir möchten versuchen, die emigrierten Elben zurückzuholen in unsere Welt.

Am 23. März 1988 war Gründungsabend im „Grünen Anker" in der Grünangergasse. Mit Ernst Molden und mir, einem Computer-Mädchen, Gottfrieds Nichte Alexandra Steinbeis, Hanna Molden und dem Fotografen von der „Wochenpresse" und dem Fotografen von der „Presse". Zwischen Alexandra und mir blieb ein Stuhl frei. Auf einmal fingen Ernstl und Alexandra fast gleichzeitig an, ein Wesen auf diesem Stuhl sitzen zu sehen. Großer dicker Kopf, Glatze, lange, spitz zulaufende Nase, kein Hals, plumper Körper, lange, eng an den Körper gepreßte, Arme. Er schien uns argwöhnisch zu beobachten. Wir nannten ihn Oro.

Ja, und dann hat es während einer einzigen Stunde neunmal gepfiffen. Wir fragten Herrn Glück, den Wirt, ob er einen Teekessel in der Küche aufgesetzt habe? Nein, hatte er nicht. Wir wurden bei jedem Pfeifen aufgeregter, fragten die beiden Kellnerinnen, fragten fremde Leute an anderen Tischen. Nein, außer uns sieben hat niemand das Pfeifen gehört.

Aber als Hannerl Molden, die unseren Feenabend auf Tonbandkassette aufnahm, sie später abspielte, war das neunmalige Pfeifen ganz klar darauf.

Natürlich haben wir unseren sichtbar-unsichtbaren Gast aus der Elbenwelt mit Wein und Grappa traktiert. Einmal schaute ich hin und merkte, daß er lacht. Im gleichen Moment sagte der Ernstl: „Jetzt lacht er!"

Eigentlich mag ich Vereine nicht. Aber wer weiß? Vielleicht ist er der Samen, aus dem ein großer Baum wächst.

Vielleicht schlägt unsere Liebe eine Brücke in die Anderswelt.

Die Krankheit

„Ein paar von uns", sagt der Gnom Mux im Paracelsus-Spiel, „sind Partisanen worden und haben die Uniform des groben Fleisches angelegt. So täuschen wir den Feind."

PARACELSUS: Die Menschen meinst?
MUX: Wir haben keinen andern.

Später untersucht Paracelsus die Geister der Elemente und stellt fest, daß sie krank sind.

PARACELSUS: Der Himmel macht Krankheit, der Arzt treibt sie wieder hinweg. *Die* Krankheit aber ist nicht aus dem Himmel! (zeigt drohend ins Publikum) Da sitzt der Bazillus. Eure Krankheit heißt MENSCH. Drum will in Gottes Namen ich Euch einmal die Leviten lesen. Welt und Mensch sind eins! Die ganze Welt erscheint als ein lebendiges und großes Wesen, ganz in Raum und Zeit. Geteilt nur in Gestalt und Form. Doch weil demselben Chaos all's entspringt, ist eins dem anderen verwandt und gleich. Die Stufe, auf der es gerade steht, ob niedrig oder höher, macht den ganzen Unterschied. Und nicht, ob es ein Mensch, ein Tier, ein Baum ist oder Blümel. Oder ein Elb. Der ganze Kosmos, sicht- und unsichtbar, ist eine einzige Familie.

Die Krankheit ist, daß wir uns getrennt voneinander fühlen; daß wir in den Elben nicht mehr unsere Brüder und

Schwestern erkennen. Indem wir sie verleugnen, verleugnen wir unsere eigene Unsichtbarkeit, unseren Geist, unser Herz.

Die Krankheit kann tödlich sein. Nicht nur für die Elben. Auch für uns.

Goldmarie

Sie ist selbst eine Elbin. Unter anderem. Ein Mensch ist sie auch. Sicht- und unsichtbar. Wie hätte ich sie nicht nach den Geistern befragen sollen?

Sie schauen wie Seifenblasen aus, sagt sie. Irisierend. Natürlich wechseln sie fortwährend ihre Größe und Gestalt. Aber an sich sind sie klein. Sie haben seltsame, oben spitz zulaufende Ohren. Sie sind beweglich, farbig, nicht fest. Man darf nie wirklich hinschauen. Man muß ein bißchen schielen, wenn man sie sehen will.

Sie können blumenartig, können eigentlich alles sein. Es ist unmöglich, sie zu fixieren. Sie sind nackt, aber schleierartig, mehr wie Wasser und Licht. Und wie Licht oder Wasser bewegen sie sich, ohne zu gehen, im Raum.

Uns Menschen sehen sie vielleicht so, wie Tiere uns sehen.

„Bist du eine Elbin?" fragte ich. „In dem Moment, wo ich mich auf diese Ebene zurückziehe", sagte die Goldmarie.

Sie ist verheiratet. Ihr Mann hat zweimal Elben gesehen. Sie sahen aus wie ein vierjähriges Kind. Er fand es in seinem Dachstübchen. Es erschien und verschwand in einem sonderbaren Rhythmus. War es verschwunden, schloß er die Augen. Machte er sie auf, war es wieder da. Er selbst war damals zwölf Jahre alt.

„Sind Feen Tote?" fragte ich die Goldmarie. „Mauthe sagt ja und nein." – „Er hat recht", sagte sie. „Feen sind die Gegangenen. Sie sind zwar immer da, aber auf Stufen, wo sie nicht bleiben müssen."

„Haben Elben ein Geschlecht?" – „Zwei", sagte sie. „Elben sind androgyn. Und sehr schalkhaft! Sie halten uns zum Narren. Erst schauen sie aus wie ein Mann, und plötzlich entpuppen sie sich als Mädchen. Sie bewegen sich mit großer Leichtigkeit zwischen beiden Geschlechtern."

„Und die Liebe?" fragte ich und meinte Sexualität. Goldmarie verstand mich sofort. „Sie können sich gegenseitig total durchdringen", sagte sie. „Seligkeit ohne Beschwernis."

Wer kam nur auf die Idee, den Menschen für die Krone der Schöpfung zu halten, die Spitze der Evolution?

Wie plump wir doch sind!

Die Nymphen der Blanche Merz

Ich habe nur ihr Bild gesehen. Bis zum Nasenrücken ist sie ein Mann. Hochstirnig, weißhaarig, mit wilden, schwarzen Brauen. In ihren dunklen Augen glüht die Leidenschaft der Erkenntnis. Aber darunter ist ihr Gesicht das einer sanften, anmutig lächelnden Frau.

Sie betreibt, auf der ganzen Welt, sakrale Geographie. Sie ist eine Geomantin von besonderer Art. Denn sie erforscht nicht nur die heilenden und krank machenden Zonen der Erde. Sie erforscht auch die Kraft der Orte und ihre Seele.

Immer schon wußte man, daß es unerklärliche Schwellen gibt, über die wir in andere Welten gelangen. BLANCHE MERZ hat viele solcher Schwellen überschritten. Lassen wir sie berichten!

„Um der Welt der Nymphen näherzukommen, begann ich ihren Aufenthaltsort mittels Tele-Radiästhesie auf einer Landkarte zu suchen. Der Hinweis zeigte auf eine sumpfige, unbewohnte, etwa zwanzig Meter vom Wasser entfernt liegende Zone am oberen Genfer See.

Um sicherzugehen, daß meine Beobachtungen so objektiv als nur möglich sein würden, wollte ich im Falle eines Gelingens nicht einziger Zeuge sein. So hatte ich einen etwas medial veranlagten Freund gebeten, mich an einem Herbst-Spätnachmittag zu begleiten.

Wir ließen unseren Wagen an einem entfernten Platz stehen und gingen den kleinen Waldweg zu unserem Ziel, leise und ohne ein Wort zu sprechen. Am angepeilten Ort setzten wir uns einige Meter voneinander entfernt auf die abgefallenen Blätter. Wir bewegten uns nicht mehr, husteten nicht, niesten nicht – und so blieben wir während mehr als zwei Stunden völlig unbeweglich und wurden eins mit den Bäumen und dem hohen Gras. So lange unbeweglich zu bleiben bedeutete, dem Gelingen des Versuches zu vertrauen.

Wir wurden belohnt, denn plötzlich wirbelte ein warmer Hauch um uns; ungefähr zehn Meter vor uns konnte man zwischen den Bäumen ein bleiches Licht erkennen, wie in einem weißen Dunst aufleuchtend. Zur gleichen Zeit gaben die Vögel lärmend ihren gewohnten Warnruf weiter. Wir ließen diese Erscheinung nicht aus den Augen; sie gewann an Ausdruck und Intensität und nahm die Form eines meergrünen großen Eies an. Wiederum kam dieser lähmende Eindruck, daß uns ein sehr großes Auge intensiv beobachtete.

So saßen wir vor diesem seltsamen Spiel, dieser einzigartigen Lebensform, uns gegenseitig erforschend und prüfend. Mein Freund zwinkerte mir zu, daß etwas vor sich gehe; dies bestätigte, daß ich keiner Halluzination verfallen war.

Nun versuchten wir durch mentale Verbindung ein Vertrauensklima zu schaffen, indem wir höher vibrierende Gedanken formten, eine Art mitfühlender Ausstrahlung, die ihnen Sicherheit geben sollte. Der Spezialist würde sagen, die Alphamethode anwenden. Das noch bis dahin verschleierte Bild erhellte sich langsam und löste sich wie ein Nebel auf. Wie auf einer Theaterbühne erschien ein Gefolge von schlanken, weiblichen Formen in einem geheimnisvollen blaugrünen Licht. Sehr langsam kommen sie zu uns, eine an die andere geschmiegt, ganz vorsichtig vorwärts gleitend, offensichtlich mit einer großen Furcht, aber doch durch eine Art Neugierde angezogen. Wie kleine ängstliche, scheue Tierchen scheinen sie uns genau zu beobachten, nähern sich und weichen wieder zurück, doch jedesmal kommen sie etwas näher heran.

In der Gegenwart dieser hohen schlanken Formen von einer ausgesuchten Feinheit nimmt ihr noch leicht verschleiertes Gesicht die gleiche Strahlung an wie das vorher aufgetauchte Späherauge. Plötzlich fühle ich auf meinem Gesicht etwas Helles, etwas, das auch mit dem frischen Morgentau zu vergleichen wäre und das sich auf der Haut festsetzt.

Ich war wieder mal daran, mich zu fragen, ob ich nicht wachend träume, als mein Begleiter mit einem Zeichen seiner Augenlider mir von neuem bestätigt, daß auch er die unglaubliche Szene vor uns verfolgt.

Würden mit noch mehr Geduld unsererseits diese feinleuchtenden Schwestern sich uns noch mehr nähern? Sie scheinen dem Flüstern der Bäume zuzuhören.

Alles an ihnen ist filigran in zarter, blaugrüner Färbung; es erinnert mich an eine skandinavische Legende, die Wassernymphen mit ihrem meergrünen Haar beschreibt, das sie über dem Wasser kämmen.

Unverzeihlich ist es, daß eine von mir ungewollte Handbewegung diesem einzigartigen Schauspiel auf brutale Weise ein Ende setzte. Ein Insekt hatte mich schmerzhaft gestochen – wegen meiner ungeschickten Schutzbewegung löst sich dieses wunderbare Bild schlagartig auf. Alle Vorbereitungen waren mit so viel Geduld und Mühe wie ein unvergleichliches Spinnennetz gewoben worden. Warum mußte – wie durch einen unvorsichtigen Schnitt mit einer Schere in einen seiner Fäden – das Ganze zusammenfallen und das wunderbare Lied zum Schweigen bringen?

Auf der Heimfahrt besprachen wir das Erlebte, verglichen unsere Beobachtungen und stellten fest, daß sie identisch waren. Wir durften daraus schließen, daß die Welt der Elementale wirklich existiert, und daß vielleicht eines Tages eine glückliche Forschung diese Tatsachen besser ans Licht bringen wird.

Als ich mich meinem mehr als fünfzigjährigen Begleiter zuwandte, mußte ich mich überrascht fragen, was mit ihm wohl geschehen sei, verwundert bemerkte ich, daß er jetzt so jung wie ein zwölfjähriger Knabe aussah. Ich schwieg aber darüber. Am darauffolgenden Morgen gestand er am Ende unseres Telefongesprächs: ‚Wissen Sie – ich habe gestern abend nicht gewagt, es Ihnen zu sagen –, Sie schienen mir nach dieser seltsamen Begegnung so jung wie mit 15 oder 20 Jahren zu sein!‘

Das mußte ich natürlich vor dem Spiegel untersuchen. Ich war sprachlos – in meinem Gesicht waren tatsächlich keine Falten mehr zu finden – und dieser Zustand hielt drei Tage lang an. Ich fühlte mich wie ein ungereifter Apfel, der zu früh vom Baum gefallen ist. Jene zarten, lieben Nymphen haben uns die seltsamste und außergewöhnlichste

Verjüngungskur geschenkt, aber leider nur für kurze Zeit. Wir waren weit in eine zeitlose Welt ohne Alter eingedrungen."

Der Elbenkönig

Als Reporterin der Anderswelt habe ich Nächtebücher geführt und jeweils berichtet, was mir in der Welt hinter dem Spiegel, dem Reich des Traums und des Todes, widerfuhr.

In diesen Büchern und Notizen aus dem Nagual blätterte ich jetzt. Werden Sie mich bei meinen Erinnerungen begleiten?

Rindlberg, 21. Mai 1983

Heute nacht habe ich mich in den Elbenkönig verliebt. Das war so: Ich träumte, wie schon so oft, ich wäre mit vielen Menschen zusammen auf einem Fest. Dort begegnete mir ein jüngerer Mann, etwa 30–40, gut, aber unauffällig aussehend, lichtblaues oder graublaues Gewand – eher Jeans-Anzug als Festgarderobe. Wir unterhielten uns. Er saß, ich stand neben ihm. Und von Zeit zu Zeit schnellte sein buschiger, dunkler Tierschweif hoch. Das gefiel mir schon im Traum, und er gefiel mir überhaupt. Mit den anderen Leuten konnte ich wenig anfangen, obwohl auch die (realen!) Mitglieder unserer Regierung und Opposition dabeiwaren.

Später nahmen alle in einer Art Amphitheater auf ansteigenden Sitzreihen Platz. Ich setzte mich ganz allein in eine Reihe. Da kamen die beiden „Hoheiten" des Abends, so wurden sie allgemein genannt, auch Namen hatten sie, die ich aber nicht mehr kenne, nur daß sie Bruder und Schwester waren, weiß ich noch – also, sie kamen auf mich zu. Menschen saßen plötzlich neben mir, sie mußten den Hoheiten Platz machen. Der Mann setzte sich neben mich und seine Schwester, die ich gleich mochte, neben ihn. Es war mein geschweifter Herr. Ich freute mich sehr. Vorher hatte ich nicht gewußt, daß er der Ranghöchste des Abends war.

Wieder später irrte ich durch verfallene Räume, versteckte mich vor den Leuten, eine alte Frau wollte meine Schuhe putzen, ich ließ es nicht zu. Und wieder später trat mein Geschweifter auf mich zu. Ich war verwirrt, ich war selig, und wir umarmten und küßten uns. Es gab nichts Sexuelles zwischen uns, nur Liebe und Entzücken.

Heute, als ich nach dem Essen zwischen 12 und 13 Uhr lag, dachte ich darüber nach, wie ich seine Identität ausfindig machen könnte. Denn ich liebe ihn wirklich.

Plötzlich wußte ich . . . „Der Erlkönig mit Kron und Schweif . . ." Hoheit (er trug keine Krone) – und mit Schweif! Gleich darauf fiel mir ein, daß ich einmal gelesen habe, Erlkönig wäre eine Verstümmelung seines anderen Namens: „Elbenkönig". Zum Erlkönig habe ich übrigens eine geradezu magische Beziehung. Pflanzte Erlen, erbat Kopien von Arnulf Neuwirths Bild „Erlkönig", schrieb über ihn et cetera. Aber mein Liebster, der Elbenkönig! (Ich glaube, wir aßen und tranken auch miteinander an einem langen Tisch, noch ehe ich ihm ans Herz sank; bin aber nicht völlig sicher.)

Rindlberg, 31. Juli 1984

Ich scheine heute nacht in der Unterwelt gewesen zu sein. Ein einziger Traum, nur von Phasen des Tiefschlafs unterbrochen: Ich rutsche auf einer Art Bahn in eine fast kein Ende nehmende Tiefe hinab. Vor mir – als mein Führer – mein verstorbener Freund Damian (Hugo Graf Schönborn). Hinter mir die Leiche einer uralten Frau.

Der Herr der Unterwelt, die keineswegs trüb ist, war ein Mann, dem mein Herz zuflog. Nicht alt, nicht jung, und er schien allwissend zu sein. Ein richtig hoher Herr mit einer kleinen, sehr schönen Tochter. Viele Menschen (Tote?) waren da, es gab prächtige Gastmähler, und Damian schien so etwas wie ein Mittler zwischen mir und der Unterwelt, mir und dem Totenherrn zu sein. Ich erlebte dort viel, erinnere mich aber an keine Details, nur an die Stimmung, den Zauber. Zuletzt stieg ich zum Herrn der Unterwelt und seiner Tochter ins Bad. Die Stimmung war nicht sexuell, doch sehr erotisch. Da kam meine (gleichfalls verstorbene) Mutter und trieb uns auseinander, exakt: Sie zerstörte den Zauber durch einen Schrei.

Rindlberg, 16. Februar 1986

Heute nacht war ich wieder in der Wasserstadt. Sie liegt mitten im Meer. Herrlich! War in einem alten, grünen Haus. Ringsum nur Wasser, reißend und klar. Aber dann ging ich hinein, angekleidet, und es wurde trüb, tief, die Flut riß mich fort. Auch andere Menschen, lauter Kinder, kämpften verzweifelt, um ans andere Ufer zu kommen. Es gelang mir. Ich traf zwei winzige Männer. Fragte, wie ich wieder zu dem grünen Haus käme. Da gingen sie mit mir zum Fenster eines gleichfalls sehr kleinen Hauses (mein grünes war nicht klein, nur die Männer!), in dem ein Kaktus stand. Der eine rieb den Kaktus ein wenig, und sie guckten hinein. Im Kaktus erschien deutlich mein Zauberhaus, und sie führten mich hin.

Rindlberg, 12. Juli 1988

Gestern abend saß ich mit Gottfried noch lang auf der Hauswiese. Er hat wieder die wunderbarsten Farben am Himmel gesehen. Ich nicht. Plötzlich sagte er, unser Haus stünde in Rindlberg, und es stünde auch nicht da. Sondern vielleicht jetzt gerade in Indien, und er nannte noch andere

Teile der Welt. Aber ich war zu verblüfft, um sie mir zu merken. „Du meinst also", fragte ich, „daß der Raum schwankt oder vielleicht gar nicht existiert?" Ja, das meinte er.

Wir haben dann beide eine grüne Frau gesehen, zwischen unseren westlichen Bäumen. Für mich stand sie regungslos still, in Gottfrieds Augen aber hat sie sich bewegt. Vielleicht, wäre ich hingegangen, hätte sie sich als Strauch entpuppt. Obwohl ich heute nachschaute, und da steht kein Strauch. „Wozu", fragte Gottfried, „suchst du materielle Beweise für etwas, das immateriell ist?" Also blieb ich sitzen und freute mich an dem Frieden, der von der Grünen ausging.

Wien, 15. April 1989

Nach einem Kinobesuch gehe ich am späten Abend über den Graben. Vor mir überquert ihn, in einer Diagonale, ein extrem kleiner Mann. Ich schicke ihm in Gedanken, wie ich das oft tue, Liebe und gute Wünsche. Da erst fällt mir auf, daß er auch für einen Liliputaner zu klein war. Er kann mir höchstens bis zum Knie gereicht haben, war aber normal gekleidet und trug einen grauen Hut. Er muß in die Spiegelgasse eingebogen sein, und neugierig will ich mich schon umdrehen und ihm nachgehen. Aber aus Angst, ihn mit meiner Neugier zu verletzen, unterlasse ich es. Leider. Denn inzwischen bin ich ziemlich sicher, daß er aus einem anderen Reich des Lebens kam und wieder dorthin verschwand. Ein Zwerg? Ein Außerirdischer? Nicht nur sein Hut, er selbst war ganz grau.

Wien, Hofburg, 3. Februar 1991

Heute nacht gingen zwei Wesen einer anderen Ordnung durch mein Zimmer. In meinen Träumen war die Wohnung zerrissen. Aber dann schien ich aufzuwachen, und auf einmal sehe ich zwei Personen, jede von ihnen kaum größer als meine Hand, der Länge nach durch mein Zimmer gehen. Eine Figur war männlich, die andere weiblich. Ich wunderte mich noch über die Sicherheit, mit der ich das wußte. Sie gingen hintereinander. Der Raum war dämmergrau, und die Figuren auch eher grau als farbig. Grau in verschiedenen Schattierungen, aber keineswegs nebelhaft. Eigentlich glaube ich nicht, daß es ein Traum war.

Irgendwann – ich finde die Notiz nicht – ging ich nachts hinter einer Zwergin über den Neuen Markt. Auch sie war, wie die anderen, grau und wohlproportioniert. Sie verschwand in einem türlosen Mauervorsprung der Kapuzinergruft.

Der siamesische Zwerg

Eine fremde Dame rief mich an. Sie hätte gerade meinen „Reiseführer ins Jenseits" gelesen, und auf einmal stand ich vor ihr. Mitten in der Küche. Da ich mich allmählich daran gewöhne, an entfernten und oft auch sonderbaren Plätzen zu erscheinen, und trotzdem neugierig bin, verabredete ich mich mit der Anruferin und ihrem Mann in Salzburg. Reizend beide, sie mit irgendwie toten Augen. Augen, die anderswo leben. Da der Mann ein hoher Regierungsbeamter ist, möchte ich keinen Namen nennen. Nur erzählen, was die beiden mir nach einem Konzert in der Crêperie in der Kaigasse anvertraut haben.

Ich selbst war, als ich erschien, rothaarig wie früher und trug ein orangefarbenes Kleid. Doch erschienen sind beiden auch noch andere Wesen, nämlich die kleinen Grauen. Wie mir. Eines davon lebt in ihrem Garten. Vor ihm haben sie keine Angst.

Einmal aber, als sie am späten Abend durch einen Wald gingen, wurden sie durch ein großes Licht irritiert. Es war sehr hell und sehr kalt. Manchmal verschwand es, und sie waren erleichtert. Doch schon gleich darauf war es wieder da. Plötzlich sahen sie, daß dieses Licht von einem Zwerg ausging oder eigentlich von zwei Zwergen, die zusammengewachsen waren wie Siamesen. Und böse. „Böse Zwerge?“ fragte ich. „Nein“, sagten sie. „Böse auf uns. Auf die Menschen. Es war schrecklich.

Ich vermute, daß solche Wahrnehmungen nur möglich sind, wenn unsere beiden Leiber, der irdische und der – wie Paracelsus ihn nennt – astrale, sich vorübergehend voneinander trennen. Zwei Leiber, zwei Welten.

Ein paar Tage später besuchten mein Mann und ich die Gräfin Solms und ihre Schwester am Starnberger See. Geistersichtig beide, aber die Schwester – genannt der Boß – sieht auch Elben. Ich fragte, wie sie ausschauen? Und zu meiner Erleichterung – denn man zweifelt ja immer, besonders an sich selbst – beschrieb der Boß mir wiederum die kleinen Grauen. Nur, daß sie am Starnberger See auch ins Bräunliche spielen. „Aber das sind keine Zwerge!“ erklärte der Boß. „Das sind Kobolde.“

Sie hat mir noch viel von den Streichen dieser Kobolde erzählt und mir die Spuren ihrer Zähne auf einer Glocke gezeigt. Es scheint Zwischenzonen des Bewußtseins zu geben, in denen alles möglich ist. Die Kobolde von Seeshaupt werden als feindlich erlebt. Das ist traurig. Aber vielleicht wollen sie nur mit den beiden Schwestern, die ich sehr liebhabe, spielen? Auch die Spiele der Menschen mögen einem, der keiner ist, unheimlich und grausam erscheinen.

Ich möchte mit dem Anfang des zweiten Donnerstagebuchs (Herr Jacopo reitet) enden. Und mit einer Bitte:

Trauen Sie der Wirklichkeit nicht! Es gibt sie, aber nur im Plural. Leider haben die vielen Wirklichkeiten keine

Zäune, und man muß furchtbar aufpassen, daß man sich nicht aus einer in eine andere verirrt.

Aber verirrt ist man in jeder, und in keiner zu Haus. Muß man also aufpassen?

Ich glaube nicht.

Der elbische Tote

Ich bin kein gewöhnlicher Mensch. Auch kein ungewöhnlicher. Sondern, um die Wahrheit zu sagen, ich bin überhaupt keiner.

Ich gehöre dem Stamm der Leuchtenden an. Wir sind so hell, daß man uns selten sehen kann, obwohl wir doch immer da sind. Aber nur, wenn wir dunkler als das Licht werden, sagen die Menschen: „Schau, ein Elb! Eine Fee!"

Kinder sehen uns im Gegenlicht, auch wenn wir uns nicht verdunkeln. Kinder sind nämlich, was nur wenige Menschen wissen, sehr alt. Leider werden sie mit den Jahren immer jünger und dümmer, und nur wenigen gelingt es, ihre Zeit zum Kreis zu schließen. So ein Kreis ist wie eine Quelle, aus der fortwährend Wirklichkeit sprudelt. Die ganze.

Dünne Rinnsale der Wirklichkeit erscheinen dem Menschen trüb, doch die ganze ist funkelnd und klar wie ein unendlicher Tautropfen.

Elbenzeiten sind wachsende Kreise. Die Bäume, uns ähnlicher als euch, spiegeln es in ihren Stämmen wider. Bäume sind unsere nächsten Verwandten, und erst dann kommen die Sträucher, die Blumen, das Gras. Warum das so ist, weiß ich nicht. Vielleicht hängt es mit unserer Ausdehnung zusammen. Einer Ausdehnung, welche die Menschen Größe nennen, und Alter. Denn sie unterscheiden zwischen Raum und Zeit, und beide sind für sie starr.

Wir aber pulsieren. Wir können uns nach allen Richtungen ausdehnen und zusammenziehen oder, in euerer Sprache, jung oder alt sein, klein oder groß. Es scheint einen Rhythmus zu geben, in dem wir das tun. Obwohl wir dabei ein Gefühl der Freiheit haben, das ihr nicht kennt. Vielleicht, weil wir uns selbst in diesem Rhythmus erkennen.

Bäume sind viel weniger starr als Menschen, aber immer noch starrer als wir. Und nur der Wind tröstet sie darüber hinweg.

Ihr Menschen habt eine – ziemlich bizarre – Evolution. Wir auch. Gras, Kraut, Blume, Strauch, Baum, Fee.

Die Kobolde oder Zwerge, wie ihr sie nennt, stammen von den Steinen ab.

Und die Melusinen, die Wassergeister, sind auch in den himmlischen Wolken zu Hause.

Ich also bin eine unsterbliche Fee. Nicht weniger unsterblich, und nicht mehr, als ein Mensch. Nur der Rhythmus meiner Verwandlung ist größer.

Oder der Rhythmus meines Todes.

Ich kann dir meinen Namen noch nicht nennen, weil er jenseits eures Alphabets ist.

Weder Mann noch Frau, habe ich kein Geschlecht in euerem Sinn. Ich bin nicht materiell, sondern, in euere Sprache übersetzt, ein Wesen zwischen Seele und Geist. Du hast mich angezogen. Nicht durch deine Neugier, nicht durch dein Wünschen. Nicht durch deine Liebe. Wenn ich sage, daß wir einander ähnlich sind – wirst du es verstehen?

Ich spreche die Sprache der Tiere, ich spreche die Sprache der Menschen, ich spreche die Sprache der Bäume. Ich habe eine Stimme, die für Menschen unhörbar ist. Tiere und Bäume können sie hören.

Bibliographie III

Capra, Fritjof, Der kosmische Reigen, Bern – München 1977.

Findhorn-Gemeinschaft, Der Findhorn-Garten, Berlin 1981.

Gardner, E. L., Elfen, Adyar, Indien. Wheaton, USA 1974 (Adyar, Graz).

Gelder, Dora van, Im Reich der Naturgeister, Grafing – München (Aquamarin).

Ingrisch, Lotte, Die Kapelle der Gefahren, Freiburg 1988.

Ingrisch, Lotte, Herr Jacopo reitet, Wien 1990.

Ingrisch, Lotte, Nächtebuch, Freiburg 1989.

Maclean, Dorothy, Du kannst mit Engeln sprechen, Grafing – München 1985.

Merz, Blanche, Orte der Kraft, Chardonne 1984.

Merz, Blanche, Seele des Orts, Chardonne 1988.

Newhouse, Flower A., Engel und Devas, München 1982 (Aquamarin).

Sills-Fuchs, Martha, Der Mittagshirsch, Wien 1990.